民本

中华文化的价值追求

总主编　翟　博

分册主编　高　伟

中国大百科全书出版社

图书在版编目（CIP）数据

中华优秀传统文化教育读本. 民本/翟博主编；高伟分册主编.
—北京：中国大百科全书出版社，2020.6

ISBN 978-7-5202-0664-8

Ⅰ. ①中… Ⅱ. ①翟…②高… Ⅲ. ①中华文化—青少年读物
Ⅳ. ① K203-49

中国版本图书馆 CIP 数据核字（2020）第 002591 号

出 版 人　刘国辉
策 划 人　曾　辉
责任编辑　李　静
封面设计　许　烈
责任印制　常晓迪
出版发行　中国大百科全书出版社
地　　址　北京市阜成门北大街 17 号　　邮政编码　100037
电　　话　010-88390636
网　　址　http://www.ecph.com.cn
印　　刷　保定市铭泰达印刷有限公司
开　　本　880 毫米 ×1230 毫米　　1/32
印　　张　7
字　　数　149 千字
印　　次　2020 年 6 月第 1 版　2021 年 8 月第 3 次印刷
书　　号　ISBN 978-7-5202-0664-8
定　　价　39.00 元

本书如有印装质量问题，可与出版社联系调换。

《中华优秀传统文化教育读本》
编写委员会

学 术 顾 问：张岂之　楼宇烈

审 读 专 家：郭齐家　庞士让　栾贵川

主　　　任：翟　博

委　　　员：于建福　王　杰　王永智　方　兢
　　　　　　任大援　孙明君　党怀兴　高　伟
　　　　　　程方平　韩　星　雷　原　戴木才

总 主 编：翟　博

分 册 主 编：韩　星　高　伟　党怀兴　雷　原
　　　　　　王永智　于建福

目录

I

‖ 序一 »»

张岂之

　　《中华优秀传统文化教育读本》丛书经过几位作者的不懈努力，终于和读者见面了。这是一件值得祝贺的事。

　　深入学习、宣传、普及中华优秀传统文化，已经成为全社会的共识，我们现在要做的一项重要工作，就是要在具体落实上多下功夫。2017年1月，中共中央办公厅、国务院办公厅印发《关于实施中华优秀传统文化传承发展工程的意见》（以下简称《意见》），要求着重研究和宣传中华优秀传统文化的核心思想观念，宣传中华传统美德，发扬中华人文精神。《意见》提出："把中华优秀传统文化全方位融入思想道德教育、文化知识教育、艺术体育教育、社会实践教育各个环节。"这套丛书的出版，可以看作是落实中央精神的具体体现。

在目前众多的中华优秀传统文化普及性图书中，这套丛书有两个鲜明特色：

其一，对中华优秀传统文化的概括论述比较全面。中华文明有五千年的历史传统，对于青少年和初学者而言，首先要把握精华，然后再逐步深入。这套丛书，按照习近平总书记提出的"讲仁爱、重民本、守诚信、崇正义、尚和合、求大同"展开论述，精准全面，把儒家的核心精神概括进去了，具有一定的系统性。

其二，这套丛书在编排设计上，将理论阐发、经典介绍、历史故事综合编排，这样既符合青少年的学习认知规律，也避免枯燥生硬，具有可读性。

这套丛书的出版，开了一个好头，我相信一定会有较好的社会效益。在这里，我也想借此机会对年轻的读者朋友提两点参考意见。

首先，中国的传统文化博大精深，对于青年人而言，有必要循序渐进，以便逐步全面把握、深入理解。以先秦诸子为例，除儒家外，还有阴阳家、墨家、名家、法家、道家、兵家、杂家、纵横家、农家、小说家等，号称百家之学，其中蕴藏着丰富的内容，有待于今人"取其精华、去其糟粕"。现代文学家朱自清先生，为青年人写的《经典常谈》，就包括诸子百家的哲学，《左传》《国语》《史记》《汉书》的史学，辞赋诗文的文学。可喜的是，这些内容在这套丛书中可以略见一二。

其次，在学习方法上，提倡学思结合，知行结合。《中庸》说："博学之，审问之，慎思之，明辨之，笃行之。"把学问思辨行融贯为一个整体；把学得的知识落实到个人素质的培养锻炼中，落实到认识和改造社会的实践中。这样有助于把对中华优秀传统文化的学习成果奉献给社会，从而更好地实现其现代价值和意义。

我与这套丛书的主编翟博先生相识多年，他青年时代在西安求学，研究生毕业后一直从事教育工作，现在担任中国教育报刊社的领导。多年来他在推动中华优秀传统文化的普及宣传方面，做了很多具体切实的工作。他邀我为这套丛书写几句话，我乐于撰稿。希望这套丛书能得到读者朋友们的欢迎，并期盼大家多提宝贵意见，以便大力促进中华优秀传统文化在当今社会的普及和提高。

‖ 序二 ≫

楼宇烈

习近平总书记将中国传统文化的精神用"仁爱、民本、诚信、正义、和合与大同"进行总结,不仅具有高度的概括性,同时也具有极强的时代性与人类共性。

从今天人类面临的生态危机、道德危机、不可持续危机以及人类异化危机等来看,西方商业文化不具有普世价值,而中国传统农耕文化中的"仁爱、民本、诚信、正义、和合、大同"等价值观使人类与自然及人类自身产生了和谐,反而使人类具有了和谐与可持续的未来。

也因此说中国传统文化具有天下性、道德性、社会主义性。天下性,在于思考问题的全局性。它不局限于从自身、自家思考问题,也不局限于从企业方面思考问题,甚或不局限于从国家方面思考问题,而是从人类、世界、众生、宇宙之广度思考问题，总之从宇宙至健之无比广大的秩序思考问题。现在西方文化主流思想是围绕资本利益的，至多在于为资本利益集团之联合体服务，至于占绝大多数的工人阶级以及广大民众的利益则只是敷衍，其工具性很强，这与中国故有之"仁爱、民本"思想格格不入。

道德性，在于将道德贯穿于文化的各类形式之中。政治之道德性表现为政治伦理化；法律之道德性在于法律要与正义相吻合；经济之道德性在黜奢崇俭、贵义贱利，还有不伤害三农；教育之道德性在于培养以德为主的德智体美劳兼备之才；军事之道德性在于出师有名，以防御为主，不首先侵略他国；等等。

社会主义性，在于"民本""仁爱""大同"；在于"以人民为中心"；在于"不患寡而患不均"；在于"耕者有其田"；在于以家庭为单位按照人口多寡分配的土地分配制度，虽此制度性质为私有制，但分配是平均的，是为民制"恒产"；同时，在家庭内部财产是共有的，这种共有制应该说具有社会主义性，将此家庭共有推扩至朝廷，则为天下为公。

古代政权在形式上表现为天下一姓，其实呢？能继位者只有一人，大多数人皆变为平民。与此同时，任贤为要，绝不以与皇室之近为由而被任为宰相、尚书等。而宰相与六部尚书等，常常来于乡野之家，尤其科举制推行以来，"朝为田舍郎、暮登天子堂"已不是什么新鲜事。

仁爱，是孔子讲的，其要义在人与人相感，你敬我一尺，我敬你一丈；你把我视同兄弟，我同样把你当作兄弟；君以礼待臣，臣子相应以忠侍奉君。当然以直报怨，也是相感之意。以孔子的教导，"己所不欲，勿施于人"是实现仁爱的根本方法，其通在人心。对具体做法而言则是以慈孝始，父慈子孝，父慈为当然之事，子孝也接近当然之事，但较之父慈为难，所以孝成为实现仁爱的基本途径。有孝心，推及兄弟姐妹则为悌，推及夫妻则为义，推及朋友则为信，推及君臣则为忠，于是乎五伦成为实现仁爱的基本方法。天下在五伦的相互感动下而为一家，建立在五伦基础上的制度，自然就是礼制。

民本，就是以百姓的利益为根本，因民之所利而利之，天视自我民视，天听自我民听。用习近平总书记的话说，就是"以人民为中心"。实现民本的途径，在于仁政与王道，具体言之：制民恒产，薄赋敛轻税收，量入为出，打击豪强势力，盐铁专卖，节制私人资本，选贤与能，讲信修睦，使老有所安，壮有所用，少有所怀，女有所归，鳏寡孤独废疾者皆有所养。民本也是实现社会主义理想的根本价值理念。

当然，民本也要求民德的提升，要求勤俭以得之，而非投机取巧以得，更不能依靠赌博贩毒取得财富，也不能靠污染环境发财，等等。今日财富若与道德分离，只讲GDP，不讲取之以义，那么会严重违背民本之价值。

诚信，是以至诚之心，不食言，言行一致，不口是心非，以最大努力践行人生之信条。它也包含西方之契约精神，但不尽相同。西方之契约在于形式上不违约，即使此契约是不合乎道德的、不公平的，甚至是武力强迫的，也应无条件地遵守，如西方列强曾经强加于我国的各类不平等条约，中华人民共和国成立之日即予以废除，此对人民之诚信也，对资本列强之违约也。

因此，诚信具有道德之内核，不仅仅在于"言必行、行必果"，唯"义之所在，则言必行、行必果"。

正义，从文字上考研其中的"正"，其乃会意字，表示前往某地，有远行之义。现在引申义为平正，不偏不斜；还有正心、正直、正确、恰当、公正、纠正等义。

"义"，繁体字为"義"。篆字与繁体字很相似，也属会意字，从羊（祭牲），从我（兵器），表示用兵器宰羊作祭品。義简化为义，原始义是指礼仪，后又改为礼义。所以"义"者，礼也。

若将"正""义"合起来就是以不偏不斜的步伐坚定地沿着礼义之路前进。

在经史子集中，最早用"正义"一词的，大概是荀子。《荀子·正名》说："正利而为谓之事，正义而为谓之行。"意思是说为功利去做叫事业，为道义去做叫德行。从这句话看"正义"的意思就是为道义而行，也就是以道义为奋斗的目标。在《荀子·儒效》中还有："不学问，无正义，以富利为隆，是俗人者也。"这里的"正义"是道德的意思，或者指以道德为行为标准之义。

正义确实有恰当行为的意思，或者有恰当的道德要求、有礼义的意思，所以对于道德要实事求是，以大众之普遍性为原则，不可陈义太高，陈义太高则弄虚作假，形同虚设，不但不能教化人，反而犯造假之错误。释家教化人以因果报应为律，告诫世人行善有好报，此以利导善也！儒家也有"积善之家必有余庆，积不善之家必有余殃"。亦义利合一也。都是将行善之获善报、行恶之获恶报作为教化人的信条，陈义并不高，但较之只言义不言利的效果显然要更大一些。

和合，是一种兼容兼顾，打成一片，从整体看待事物的思维。诸如"天人合一""心物一体""体用一如"等，都是和合思想的体现。其大无外，其小无内，天人相合相感，天即人，人即天；心外无物，物不离心；体用不二，体用不离，物物一太极，事事无碍。西方思想则注重分析，将心与物分离，对心之研究为宗教，对物之认识则为自然科学。而中国则上薄拜神教，下防拜物教，表现为极强的人文主义。体用相分，将道德与制度、义与利相分离，在西方看来，所谓法律、经济、政治等皆为理性工具，法律即规则。而和合观，则首先强调人与人之间应是和谐的关系，其斗争性是在和谐性、统一性之下。因此，人类的斗争武器，其杀伤力不应超出人类的承受力，今日之核武器竞赛，已远远超出人类的承受力，一旦核战争爆发，人类必然走向毁灭。

大同，是人类社会的终极理想。仁爱、民本、诚信、正义、和合价值之推扩就是要求人类最终实现大同的理想。人类像一家人一样，相互敬爱，以礼相待，老吾老以及人之老，幼吾幼以及人之幼，老者安之，少者怀之，朋友信之，四海之内皆兄弟也。正如习近平总书记所讲，人类是一个命运共同体。以中华传统文化的理想讲，就是要实现天下太平。也就是说能坚守仁爱、民本、诚信、正义、和合价值者，以大同为理想者，方可实现人类在全球化背景下"平天下"的理想，或许这就是中华优秀传统文化复兴的使命所在。

因此可以说，习近平总书记讲的"讲仁爱、重民本、守诚信、崇正义、尚和合、求大同"，不仅是中华传统文化的核心思想，也是人类的核心价值观。现将其中的十二字，分别由六位教授编写成六本书，即《仁爱》《民本》《诚信》《正义》《和合》《大同》，不仅对于传播中华传统优秀文化、复兴中华文明有重大的历史意义，而且对于构建一个命运共同体的世界，也极具现实意义。我衷心地希望这六本书在翟博同志的领衔下，能尽快出版，并对社会人心道德发挥巨大的影响。

‖ 导言 >>>

翟 博

中华优秀传统文化博大精深，凝聚着中华民族自强不息的精神追求和历久弥新的精神财富。党的十八大以来，以习近平同志为核心的党中央高度重视中华优秀传统文化的历史传承和创新发展，从中华民族最深沉的精神追求和最根本的精神基因、独特的精神标识和中华民族精神"根"与"魂"、最宝贵的精神品格和命脉的高度，定位优秀传统文化；从中华民族最基本的文化基因、最深厚的软实力与坚定文化自信的根基和突出优势的高度，继承优秀传统文化；从涵养社会主义核心价值观的重要源泉、实现"两个一百年"奋斗目标和中华民族伟大复兴中国梦的重要精神支撑的高度，弘扬优秀传统文化；从推动中华民族现代化进程的长远战略高度，创新发展优秀传统文化，推进中华优秀传统文化的创造性转化、创新性发展，赋予中华优秀传统文化崭新的时代内涵。习近平总书记在党的十九大报告中指出："文化自信是一个国家、一个民族发展中更基本、更深沉、更持久的力量。""推动中华优秀传统文化创造性转化、创新性发展，继承革命文化，发展社会主义先进文化，不忘本来、吸收外来、面向未来，更好构筑中国精神、中国价值、中国力量，为人民提供精神指引。"[①]党的十九大报告深刻分析了国际国内形势发展新变化，站在新的历史起点，宣示了中国特色社会主义进入新时代，明确了中国特色社会主义的历史方位，形成了习近平新时代中国特色社会主义思想，开启了全面建设社会主义现代化强国的新征程。它指明了党和国家事业前进方向，是我们深入学习习近平新时代中国特色社会主义思想、加强中华优秀传统文化教育的思想指引和行动指南。

习近平总书记关于中华优秀传统文化的一系列重要论述，是习近平新时代中国特色社会主义思想的重要组成部分。加强中华优秀传统文化教育，既是当务之急，也是百年大计、千年大计；既功在当代，也会泽及后世子孙、增进人类福祉。深入学习贯彻习近平总书记关于弘扬中华优秀传统文化重要思想，深刻领会其重要意义、思想内涵和精神实质，对于我们落实立德树人的根本任务，引导青少年增强民族文化自信和价值观自信，坚持道路自信、理论自信、制度自信、文化自信，培育和践行社会主义核心价值观，实现中华民族伟大复兴的中国梦，都具有长远的战略意义和重要

① 习近平：《决胜全面建成小康社会 夺取新时代中国特色社会主义伟大胜利——在中国共产党第十九次全国代表大会上的报告》，《人民日报》2017年10月28日。

的时代价值。

加强中华优秀传统文化教育的重大意义

文化是一种精神、一种信念、一种力量，是民族的血脉。中华优秀传统文化，是中华民族的"根"和"魂"，是中华民族精神的标识，是当代中国核心价值观的思想渊源，也是全人类弥足珍贵的精神瑰宝。习近平总书记指出："中国传统文化博大精深，学习和掌握其中的各种思想精华，对树立正确的世界观、人生观、价值观很有益处。"①习近平总书记在会见第四届全国道德模范及提名奖获得者时强调，中华文明源远流长，孕育了中华民族的宝贵精神品格，培育了中国人民的崇高价值追求。自强不息、厚德载物的思想，支撑着中华民族生生不息、薪火相传，今天依然是我们推进改革开放和社会主义现代化建设的强大精神力量。习近平总书记的精辟论述阐明了加强中华优秀传统文化教育重大的现实意义和长远的战略意义。

第一，中华优秀传统文化是中华民族安身立命的基础、永续繁衍的血脉、绵延不绝的"根"与"魂"。中华民族在5000多年连绵不断的文明发展进程中创造了博大精深的优秀文化。习近平总书记在纪念孔子诞辰2565周年国际学术研讨会暨国际儒学联合会第五届会员大会开幕会上的讲话中指出："优秀传统文化是一个国家、一

①　习近平：《在中央党校建校80周年庆祝大会暨2013年春季学期开学典礼上的讲话》，《人民日报》2013年3月3日。

个民族传承和发展的根本，如果丢掉了，就割断了精神命脉。"①中华优秀传统文化"体现着中华民族世世代代在生产生活中形成和传承的世界观、人生观、价值观、审美观等，其中最核心的内容已经成为中华民族最基本的文化基因"。加强中华优秀传统文化教育，关系中华民族的"根"之所系与"魂"之所牵。

第二，中华优秀传统文化是中华民族文明史的记录、民族精神的追求和标识。习近平总书记在会见第七届世界华侨华人社团联谊大会代表时指出："中华文明有着5000多年的悠久历史，是中华民族自强不息、发展壮大的强大精神力量。"②习近平总书记还指出："中华文化源远流长，积淀着中华民族最深层的精神追求，代表着中华民族独特的精神标识，为中华民族生生不息、发展壮大提供了丰厚滋养。"③加强中华优秀传统文化教育，关系中华民族的生存与发展。

第三，中华优秀传统文化是中华民族共同培育的民族精神的重要源泉。习近平总书记在第十二届全国人民代表大会第一次会议闭幕会上的讲话中指出："中华民族具有5000多年连绵不断的文明历史，创造了博大精深的中华文化，为人类文明进步作出了不可磨灭的贡献。经过几千年的沧桑岁月，把我国56个民族、13亿多人紧紧

① 习近平：《在纪念孔子诞辰2565周年国际学术研讨会暨国际儒学联合会第五届会员大会开幕会上的讲话》，《人民日报》2014年9月25日。

② 习近平：《在会见第七届世界华侨华人社团联谊大会代表时的讲话》，《人民日报》2014年6月7日。

③ 习近平：《在中共中央政治局第十三次集体学习时的讲话》，《人民日报》2014年2月26日。

凝聚在一起的，是我们共同经历的非凡奋斗，是我们共同创造的美好家园，是我们共同培育的民族精神，而贯穿其中的、更重要的是我们共同坚守的理想信念。"①加强中华优秀传统文化教育，关系中华民族共同坚守的理想信念。

第四，中华优秀传统文化是中华民族和中华儿女文化自信的重要根基。中华优秀传统文化是我们最深厚的文化软实力，是我们文化发展的母体，积淀着中华民族最深沉的精神追求。文化自信是一个民族、一个国家和一个政党对自身文化价值的充分肯定和积极践行，并对其文化生命力持有的坚定信心。习近平总书记提出："我们说要坚定中国特色社会主义道路自信、理论自信、制度自信，说到底是要坚定文化自信。文化自信是更基本、更深沉、更持久的力量。"②这既昭示了文化自信具有的更加突出位置，也指明了加强中华优秀传统文化教育的紧迫性和重要性。

第五，中华优秀传统文化是当代中国实现国家现代化的重要保证。任何国家的现代化都是以其文化传统和价值观作为指导的。现代化中最重要的是人的现代化。我们高兴地看到，为响应习近平总书记的号召，落实社会主义核心价值观和加强中华优秀传统文化教育，由教育部统一组织编写的义务教育道德与法治、语文、历史三科教材，已在全国中小学起始年级投入使用。可以预期，在广大青

---

① 习近平：《在第十二届全国人民代表大会第一次会议闭幕会上的讲话》，《人民日报》2013年3月18日。

② 习近平：《在哲学社会科学工作座谈会上的讲话》，《人民日报》2016年5月19日。

少年中加强中华优秀传统文化教育，对于当前和未来推动我国社会主义现代化事业必将产生明显而深远的影响。

第六，中华优秀传统文化是构建人类命运共同体的重要助力。党的十八大以来，习近平总书记多次论述过"人类命运共同体"的问题，并明确提出了"构建人类命运共同体，实现共赢共享"的中国方案。质言之，中华优秀传统文化中"天人合一"的哲学思想、"和而不同"的文化理念与"协和万邦""万国咸宁""天下为公""天下大同"的政治愿景，都与通过发展合作、实现共赢共享为核心的新型国际关系来构建人类命运共同体，有着密切的内在联系。

综上所述，加强中华优秀传统文化教育，是建设中华优秀传统文化传承体系、推动文化传承创新的重要途径。当今世界，文化在综合国力竞争中的地位和作用更为凸显，越来越成为民族凝聚力和创造力的重要源泉。当前，世界多极化、经济全球化深入发展，国内经济社会转轨转型，深刻变革，现代传播技术迅猛发展，世界范围内各种思想文化的交流、交融、交锋更加频繁，社会思想观念日益活跃。习近平总书记指出："中华优秀传统文化是中华民族的精神命脉，是涵养社会主义核心价值观的重要源泉，也是我们在世界文化激荡中站稳脚跟的坚实根基。"①加强中华优秀传统文化教育，是建设社会主义文化强国的重大战略任务，对于更好地传承中华文脉、全面提升人民文化素养、维护国家文化安全、增强国家文化软

---

① 习近平：《在文艺工作座谈会上的讲话》，《人民日报》2015年10月15日。

实力，持续推进国家治理体系和治理能力现代化都具有重要意义；对于促进世界和平、友好、发展，减少和化解生态危机、不同文明之间和国与国之间等的矛盾冲突，也都有越来越大的隐性和显性的国际意义。

中华优秀传统文化的核心思想理念

中华优秀传统文化是中华民族语言习惯、文化传统、思想观念、情感认同的集中体现，凝聚着中华民族普遍认同和广泛接受的道德规范、思想品格和价值取向，具有极为丰富的思想内涵。习近平总书记在中共中央政治局第十三次集体学习时指出，深入挖掘和阐发中华优秀传统文化讲仁爱、重民本、守诚信、崇正义、尚和合、求大同的时代价值，使中华优秀传统文化成为涵养社会主义核心价值观的重要源泉。[①]

"讲仁爱、重民本、守诚信、崇正义、尚和合、求大同"，是中华优秀传统文化中思想道德、政治理念、价值追求、人格修养、独特品质、社会理想的精华，是中华传统美德和民族精神的高度概括，集中体现了中华民族的传统核心价值观。加强中华优秀传统文化教育，必须围绕这一核心思想理念，逐步展开，不断深化，与时俱进。

仁爱：中华文化的核心力量。思想道德建设是中华优秀传统

---

① 习近平：《在中共中央政治局第十三次集体学习时的讲话》，《人民日报》2014年2月26日。

文化的核心力量。中国人崇奉以儒家"仁爱"思想为核心的道德规范体系，讲求和谐有序，倡导仁义礼智信，追求"修身、齐家、治国、平天下"全面的道德修养和人生境界，崇尚"己所不欲，勿施于人""己欲立而立人，己欲达而达人"的"仁爱"原则。加强中华优秀传统文化教育，就是要在全社会，特别是在广大青少年中开展以仁爱共济、立己达人为重点的社会关爱教育。

民本：中华文化的价值追求。民本是中国古代政治思想的基本理念。孟子曰："民为贵，社稷次之，君为轻。"仁民爱物的仁爱精神、以民为本的人文精神、深厚绵长的家国情怀等，集中体现了中华优秀传统文化的人民性，反映了广大人民群众的基本价值追求。

诚信：中华文化的做人准则。诚信既是个人的立身之本，也是一个民族、一个国家的生存之基。"言必信，行必果"是中国人待人处事的人生哲理。加强中华优秀传统文化教育，就是要开展以诚实守信、正心笃志、崇德弘毅为重点的人格修养教育。

正义：中华文化的道德原则。正义是人立身处世的根本，体现了社会的整体利益与个人的人格尊严。公平正义历来是人类孜孜以求的社会理想，中华民族是崇尚公平与道义的民族。

和合：中华文化的独特品质。爱国主义的民族深情、团结统一的价值取向、贵和尚中的思维模式、厚德载物的博大胸怀等，是中华民族精神的基本内容，彰显了中华优秀传统文化的特质。

大同：中华文化的社会理想。"大同"是古人最高的社会政治理想，激励了一代代仁人志士为其矢志不渝，奋斗不息，"大同"

理想是中国梦的文化根基。习近平总书记指出："实现中华民族伟大复兴的中国梦，就是要实现国家富强、民族振兴、人民幸福，既深深体现了今天中国人的理想，也深深反映了我们先人们不懈奋斗追求进步的光荣传统。"①

因此，加强对中华优秀传统文化的挖掘与阐发，把超越时空、跨越国度、富有永恒魅力、具有当代价值的独特文化精神发扬光大，努力实现对中华优秀传统文化的创造性转化、创新性发展，是历史和时代赋予我们的神圣职责和重大任务，也是实现伟大的中国梦的必然要求和现实需要。

中华优秀传统文化的基本功能、思想精华和时代价值

中华优秀传统文化有其独特的价值观和价值体系。习近平总书记在北京大学师生座谈会上的讲话中指出："中华优秀传统文化已经成为中华民族的基因，植根在中国人内心，潜移默化影响着中国人的思想方式和行为方式。今天，我们提倡和弘扬社会主义核心价值观，必须从中汲取丰富营养，否则就不会有生命力和影响力。"②这种独特的价值体系，是中华优秀传统文化的核心与灵魂，是新时期中华民族共同价值观的感召力、影响力、凝聚力的集中体现。加

---

① 习近平：《在第十二届全国人民代表大会第一次会议闭幕会上的讲话》，《人民日报》2013年3月18日。

② 习近平：《青年要自觉践行社会主义核心价值观——在北京大学师生座谈会上的讲话》，《人民日报》2014年5月5日。

强中华优秀传统文化教育必须深刻理解和认识中华优秀传统文化的基本功能、思想精华和时代价值。

第一，深刻认识中华优秀传统文化的基本功能。中华优秀传统文化对化解人类面临的矛盾冲突及人生面临的困难、困惑，能够提供强大而有益的精神滋养和价值影响。在现代社会，人类主要面临着五大冲突，即人与人、人与自然、人与社会、人与自我心灵以及不同文明之间的冲突。这五大冲突也造成了人类生态、社会、道德、精神和价值的五大危机。解决这些冲突、危机与人生面临的困难、困惑，很难从西方文化中找到方案。因为西方文化的价值追求是以自我为中心的，而中华优秀传统文化所关注的是人与人、人与自然、人与社会、人与自我心灵世界的和谐关系，和谐是中国优秀传统文化的最高准则。中华优秀传统文化是"天人合一"之学、人际和谐之学、身心平衡之学、生命存在之学、道德践行之学、理想人格之学、内圣外王之学、安身立命之学和人生智慧之学。这是中华优秀传统文化独有的基本功能，也是中华文化为世界发展提供中国方案的根本之所在。

第二，深刻认识中华优秀传统文化的思想精华。中华优秀传统文化具有独特的凝聚力、独特的延续力、独特的传承体系、独特的文化精神、独特的时代价值。从哲学层面上观察，中华优秀传统文化最重要的思想精华体现在以下几个方面：

一是"天人合一"的生命哲学。"天人合一"是中华优秀传统文化的最高境界，其核心就是强调人与自然的和谐统一，表现在人的文化行为上，就是天人合德，强调人类的道德理性与自然生生之德的一致。

二是自强不息的担当精神。《周易》中说："天行健，君子以自强不息。"这是中华民族历经磨难而始终不败的文化精神。中国文化倡导的自强不息、刚健有为精神，既包含积极入世、主动进取的执着追求和担当道义、不屈不挠的社会责任，也包含正直独立人格和主动创造精神等。中华民族之所以能在5000多年的历史进程中饱经沧桑而自强不息，靠的就是这样一种奋发图强、坚韧不拔的精神。

三是和而不同的和谐思想。中华优秀传统文化在价值追求上，主张"和而不同""和实生物，同则不继""万物并育而不相害，道并行而不相悖"的价值取向和智慧。在政治观上，追求民族统一的"大一统"观念，注重"协和万邦"，强调亲仁善邻，在对外关系中始终秉承"强不执弱""富不侮贫"的精神，主张吸纳百家优长、兼集八方精义，注重各民族的团结统一。

四是民惟邦本的民本思想。中华优秀传统文化注重人的价值，强调以民为本，提出"敬德保民""重民轻神""恤民为德""天地之间，莫贵于人""民惟邦本，本固邦宁"等民本思想，主张治国须利民、裕民、养民、惠民，对于缓和社会矛盾、维系社会相对稳定产生了深远的影响。

五是止于至善的崇高追求。中华优秀传统文化在个人理想追求上，主张"修齐治平"。《礼记·大学》中说："大学之道，在明明德，在亲民，在止于至善。""物格而后知至，知至而后意诚，意诚而后心正，心正而后身修，身修而后家齐，家齐而后国治，国治而后天下平。"这种积极向上的个人理想追求，影响着中国一代又一代的仁人志士，修身养性，奋斗不止；追求大同理想，追求"大道之行也，天下为公"的大同社会。

第三，深刻认识中华优秀传统文化的时代价值。深刻认识中华优秀传统文化的时代价值，是加强中华优秀传统文化教育的前提。中华优秀传统文化是维系中华民族团结奋进的精神纽带。中华优秀传统文化的基本内容主要包括儒、道、佛三大家思想中的精华，儒家思想构成其基本精神和主体框架。中华优秀传统文化融合形成了中华民族独特的向心力、凝聚力和共同的理想信念，熔铸塑造了中华民族的民族精神、思想观念、价值追求，引领、融通、聚合、形成了中华民族强大的文化引导力和精神原动力。

中华优秀传统文化是实现中国梦的精神力量之源。习近平主席指出："没有文明的继承和发展，没有文化的弘扬和繁荣，就没有中国梦的实现。"[1]深刻地指明了弘扬中华优秀传统文化与实现中国梦的关系。实现中国梦，是物质文明和精神文明比翼双飞的发展过程，需要文化旗帜引领、文化精神激励和文化软实力支撑，更需要文化的认同和凝聚。

中华优秀传统文化是建设社会主义核心价值观的重要源泉。党的十八大报告指出："倡导富强、民主、文明、和谐，倡导自由、平等、公正、法治，倡导爱国、敬业、诚信、友善，积极培育和践

---

[1] 习近平：《在联合国教科文组织总部的演讲》，《人民日报》2014年3月28日。

行社会主义核心价值观。"①这一表达分别从国家、社会、公民三个层面阐述了社会主义核心价值观的内涵，是在汲取中华优秀传统文化的丰富营养基础上的发展和完善，是中华优秀传统文化在当代的传承和发扬。培育和弘扬社会主义核心价值观，必须立足于中华优秀传统文化。这是党中央立足国内国际两个大局，站在历史、现实和未来的时空交汇点上高瞻远瞩，对核心价值观教育作出的战略设计、历史定位和对未来发展的方向性指引，是当前培育和弘扬核心价值观的战略出发点和落脚点。

如何加强中华优秀传统文化教育

加强中华优秀传统文化教育，是当前我们面临的重要历史任务和重大时代要求，必须坚持知行合一，即认识与实践相统一、科学性与艺术性相统一、可操作性与可接受性相统一。

第一，加强中华优秀传统文化教育，必须认真学习领悟、深入阐发中华优秀传统文化的思想精华和文化精髓。要讲清楚中华优秀传统文化的历史渊源、发展脉络、基本走向，讲清楚中华文化的独特创造、价值理念、鲜明特色。要处理好继承和创新的关系，实现中华优秀传统文化创造性转化和创新性发展。

第二，加强中华优秀传统文化教育，必须继承和弘扬中华优秀

---

① 胡锦涛：《坚定不移沿着中国特色社会主义道路前进 为全面建成小康社会而奋斗——在中国共产党第十八次全国代表大会上的报告》，《人民日报》2012年11月18日。

传统美德。加强全社会的思想道德建设，激发人们形成善良的道德意愿、道德情感，培育正确的道德判断和道德责任，提高道德实践能力尤其是自觉践行能力，引导人们向往和追求讲道德、遵道德、守道德的生活，形成向上、向善的力量。

第三，加强中华优秀传统文化教育，**必须加强爱国主义、集体主义、社会主义教育**。坚持以事启人、以情感人、以理服人、以行引人，引导人民群众树立和坚持正确的历史观、民族观、国家观、文化观，不断增强做中国人的骨气、底气和朝气。

第四，加强中华优秀传统文化教育，**必须树立文化自觉，增强文化自信和价值观自信**。用博大精深、源远流长的中华优秀传统文化滋养自己，让扎根中国大地、具有时代精气神的中华优秀传统文化成为我们实现复兴、走向世界的坚实根基。

第五，加强中华优秀传统文化教育，**必须将其贯穿国民教育全过程**。特别是在学校教育中，要践行全员育人、全程育人、全方位育人。加强中华优秀传统文化类课程和教材体系建设，在中小学全面开展中华优秀传统文化进教材、进课堂、进头脑工作，在高校开设中华传统文化类课程，为学生提供丰富选择。把中华优秀传统文化全方位融入思想道德教育、文化知识教育、艺术教育、体育、社会实践教育各环节，贯穿于启蒙教育、基础教育、职业教育、高等教育、继续教育各领域。

第六，加强中华优秀传统文化教育，**必须充分调动全社会的积极性和创造性**。加大宣传教育力度，讲活中国故事。坚持全党动手、全社会参与，把中华优秀传统文化教育的各项任务分解、落实到农村、企业、社区、机关、学校等，形成齐抓共管、共建共学的新局面。

"不畏浮云遮望眼，只缘身在最高层。"中华优秀传统文化是我国全面建成小康社会，加快推进社会主义现代化，实现中华民族伟大复兴中国梦的内驱动力的精神之源，也是中华文化走出去的外驱动力的力量之源。我们坚信，通过加强中华优秀传统文化教育，深入学习习近平总书记教育思想，中华儿女一定会不忘初心，继续前进，求真务实，攻坚克难，为更好地共圆中国梦、造福全人类，作出新的更大的业绩和奉献。

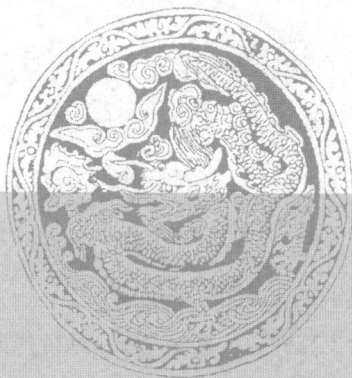

民惟邦本，本固邦宁

——贯穿中华民族文明发展史

中华传统文化在其起源处对天与人、人与自然、人与人的关系展开了不懈思索，形成了天人合一的形上精神、仁民爱物的仁爱精神和以民为本的人文精神。传统文化把思想的根基扎进宇宙、自然和人文的深处，发展出刚健有为的进取精神、和而不同的包容精神、彰往察来的历史精神、敢于承担的家国意识、美美与共的民族情怀、追求大同的崇高理想、真善美统一的理想人格，等等。这滋养着中华民族千百年来的文化品性、民族心理和价值信念，影响着世界文化的演化进程及未来发展。当思想家们在探寻解决人类发展问题的方案时，有一种声音说只有以中华文化为代表的东方文化才能从根本上解决问题。

中华优秀传统文化集中体现了文化的人民性，反映了广大人民的基本价值追求，以人民的生存和发展为国家政治布局谋篇的要点，这就是博大精深的民本思想。民本思想有着悠久的历史传统，相对于以国君为本的君本和以官吏为本的官本而言，它指我国古代的明君贤臣为维护民心和巩固国家统治，而设计出的一整套以民为本的施政观念，基本思想主要表现在贵民、重民、恤民、安民、爱民等不同的侧面。民本思想是中华传统政治文化的优良基因，在当今建设现代民主国家中仍然可以焕发出熠熠光彩。

一、民本思想的历史源流

　　"民"的本义指被治理的庶人百姓，在古代主要有四种类型：士民、农民、工民和商民①。这里的"民"可指代社会地位，即不拥有权力的平民阶层；也可指代职业身份，即以某种职业谋生的阶层。士民指从事知识生产的劳心者，其他三类皆为参加经济生产的劳力者。士民一方面是被统治者，"学成文武艺，货与帝王家"，没有独立的经济能力，以知识权力作为资本而附着于政治权力。同时也是统治者，"为天地立心，为生民立命，为往圣继绝学，为万世开太平"②，因为拥有知识立法权而居于四民之首。其他三类是社会财富的创造者、生产技术的革新者和土地的耕作者。由于古代政治"家天下"的特点，君权和君王是时常轮换的，可是民的地位和作用相对来说较为恒定，因而黄宗羲说："盖天下之治乱，不在一姓之兴亡，而在万民之忧乐。"③四民是社稷的根本，他们的生存状态是政治首要的出发点，是判定国君是否彰显圣王之道的基本依据，因此民本思想是维护统治的根本原则。

---

① 谷衍奎编：《汉字源流字典》，华夏出版社，2003年，第148页。
② 张载：《张载集》（张子全书本），中华书局，2006年，第6页。
③ 黄宗羲：《明夷待访录》，中华书局，2011年，第16页。

（一）我国古代的民本思想发轫于殷商时期

夏、商、周三代的政治文明始终未能脱离神权政治的范围，不过统治者在总结政治得失时，一直关注民意民情。他们希望把神意和民意结合起来，取得统治上的长治久安。商汤讨伐夏桀王的誓师令说："夏氏有罪，予畏上帝，不敢不正。今汝其曰：'夏罪其如台？'夏王率遏众力，率割夏邑。有众率怠弗协，曰：'时日曷丧？予及汝皆亡。'夏德若兹，今朕必往。"[①]通过指出夏桀王不体恤民情的事实，为征战及兴师问罪找到理由，并达到凝聚民心、鼓舞士气的目的。这成为历代统治者在反思前朝灭亡经验时的惯常做法，如此民本思想得以流传并巩固下来，成为政治文明中的主体内容。

（二）我国古代民本思想的演进脉络

民本思想具有完整的体系，有其产生、形成、成熟和演进的基本脉络。它凝聚了中华先民对政治理想和国家文明的执着求索，反映了把人民放在历史变迁的中心地位。治国理政时必须赢取民心、民力，必须了解和满足人民的基本需求，必须把人民的安宁生活和国家的历史命运结合起来。

---

① 黄怀信：《尚书注训》，齐鲁书社，2009年，第87页。

1. 民本思想是对天本思想的主动扬弃

身处文明初期的华夏民族，对变化万端的大自然充满了好奇，可无法从科学的角度来理解自然界的种种现象。在对超自然力量的膜拜和崇敬当中，相信天命、相信鬼神的力量主宰着人心得失，历史沉浮。夏商已经建立了基本的国家模型，最初的统治者事神至诚，以尊天事神为政，认为国家的存亡断续都是上天的作用，国君是奉天命以治理国家和管理人民，故称"天子"。可是周朝取代商朝和商之代夏一样，都是变革了"天之大命"。这使一些人文觉醒者意识到"天命靡常"，即天命是不可靠的，继而反对和怀疑天命的存在。在不彻底废弃天命的前提下，他们突出人事和民情对政治统治的重要性。"周虽旧邦，其命维新"，这种鼎新革故的创新意识使周朝国君认识到，周朝取代商朝是"顺乎天而应乎人"，这次历史转折事件既顺从天意，亦顺应民心，不仅是继承天命的结果，也是人的积极作为的表现。人民的主动力量也参与其中，他们的呼声成为变革社会的重要影响力量。

2. 民本思想来源于人民的力量和历史作用

人民在协助周王朝推翻商王朝的过程中表现出的巨大力量，是民本思想的重要现实来源。周朝人民在推动周王朝取得统治地位的历史进程中，表现出不可低估的对政权更替的影响，这使统治者认识到"小民难保"，对"民"的力量不能不有所尊重和警惕。新生的朝代既要依赖人民的鼎力支持和团结一致才能使政权稳定，同时也要防备这些被欺压和被损害的人去寻求新的政治依靠，而动摇了国家统治的民心基础。周朝初著名的政治家周公旦曾经慎重地告诚当时的统治阶层："民之所欲，天必从之。"这是说人民愿意的事情，上天也会遵从他们的意愿，也听取民间的疾苦，国君也不能掉以轻心、置若罔闻。周公旦还说，"天视自我民视，天听自我民听"，提醒统治阶层注意天与民之间的交映感通，眼光不要过度关注"天命"，更要注意民事、民情和民心表现出来的信号，不要重蹈夏商灭亡的覆辙，维护政权的长治久安。

3. 民心、天命和君权是三位一体的

周公旦之前的统治者认为天是为国君和国家服务的，国君的权力是天所授予的，国运兴衰主要系于天的旨意。而周公旦把天命与民心直接关联起来，主张天的意志也指向人民的心声，人民的意志是天之意志的集中表现，他们争取生存权利和幸福生活的努力，会通过天命表达出来。对统治者来说，不可以忽视人民的心理动向，不可以忽视平民对稳定国家统治的重要作用。国君需要"敬天保民"，在治理百姓的时候，把上天内含的好生大德发扬出来，如何对待百姓也折射出奉敬上天的态度。这显示了一个朴素的真理，单向地维护天的旨意已经不能满足统治的需要，兼顾人民的意愿才是一个优良的统治者所应该表现出来的政治素养。这既是统治思维的转换，也是权力重心下移的初步尝试，把人民的地位提升到与天相关的高度。周朝统治阶层把天治主义与民治主义结合起来，把国君所代表的国家放置到天与民的中间位置，这勾勒出民本思想的一般框架。

4. 周朝的政治经验是民本思想的现实基础

从民本思想的产生来看，伴随社会发展的政治文明进步，以及

人民在朝代更迭过程中的伟大历史作用，统治阶层深刻地意识到，只依靠神圣的天命难以维护现实的政治统治。相对而言，更需要面对社会矛盾的挑战和人民生活的实际需要，重视人民的地位和作用，了解他们的心理动态和生活情状，掌握他们的精神动向和利益诉求。只有如此，人民才会顺从国君的统治意愿，被统治者和统治者的想法才有可能达成共识，两者才能维持最低限度的一致，从而维护社会的稳定和统治的延续。周朝的统治经验是民本思想的直接来源，当时著名的政治家和思想家，如文王、武王、姜尚、周公旦和箕子等人不断地论述人民的重要性，不停地呼吁要对人民进行善治，给予他们适当的物质满足和心理满足。可见，民本思想产生的根源是社会现实的集中反映，人民的力量、统治者的省察、朝代更替的经验，是这种思想的三种主要现实来源。

（三）民本思想在历史演变中得以继续深化

民本思想是开放的理论体系，能够适应不同时代的政治发展主题而主动作出自我调适，不断包容和吸纳最新的思想发展成果，从而更壮大自己的生命力和现实影响力。从诸子百家争鸣所形成的思想遗产，到现代政治文明中出现的民主伦理，它在不同的历史背景下，吸纳不同的精神资源，以保持思想的活力，以及对政治发展的促进作用。

1. 民本思想在百家争鸣时期的具体分化

民本思想产生于现实的土壤，而思想家们在这块土地上的精耕细作又进一步促成了它的深化和体系化。周朝平王把国都由镐京迁到洛邑的历史事件发生时，政治的动乱、社会的分裂和国家的去向问题激发起思想家们的广泛思考，百姓凋敝的生活境况更是加深了他们的忧国忧民之情。以此开启的精神自由局面，演化到春秋战国时期，形成了诸子百家争鸣的盛况。各家各派对政治问题纷纷发表见解，皆会涉及如何解决人民的物质生活和精神生活的问题。这加深了对民本问题的理解，并且不同派别的思想家们产生了争议，甚至形成截然相反的对立观点。道家认为小国寡民是一种理想状态，"邻国相望，鸡犬之声相闻，民至老死不相往来"的自然和半封闭格局，可以消解战争的暴虐和人性的欲望，表达了人民对和平的向往，对安宁、富足生活的渴望。墨家认为兼爱、交利、兴天下之利、除天下之害是人民的心声，人人相爱、互利的社会生活是值得为之奋斗的。[①]儒家的民本思想较为丰富，孔子说对百姓要庶之、富之、教之；孟子说制民以恒产，因为有恒产者有恒心。百家争鸣以儒家取得长期的正统地位而落幕，其代表人物从不同角度揭示了民本思想的多重意蕴。

2. 民本思想在当今社会仍有重要的现实价值

经历夏商周政治文明的洗礼，经由诸子百家的发扬光大，民本思想的内容变得更加丰富，理论结构也日益完善。秦汉之后，儒家文化被定于一尊，各个时期的代表人物都对民本思想进行了深入阐释。民本思想强调民为国本、为民谋利，以人民的利益为国家强

---

① 方勇译注：《墨子》，中华书局，2013年，第124页。

盛和社会进步的价值主体，对于建设开放和共享的现代社会，仍有重要的参照价值。从民生的角度来说，人民生活需求的满足是第一位的，民本自始至终强调为广大人民的日常物质之需提供满足的条件。"仓廪实而知礼节，衣食足而知荣辱"，物质生活的丰足，对道德水平的提高有正向的促进作用。从民权的角度来说，虽然民本思想没有明确提出权利的概念，不过暗含了保障广大人民的生存权、生命权和发展权的意愿。从民主的角度来说，从生存主体发展为权力主体，两者之间存在一定的距离，可并不存在不可逾越的鸿沟，有向民主思想发展和演变的可能趋势。当今社会善用民本思想，可提高人民的地位，保障人民的权利，促进社会的和谐发展，使古代政治智慧成为建设现代社会的文化资源。

二、民本思想的丰富内涵

民本思想的内涵主要围绕着民与天、民与国、民与君这三组关系展开。民与天的关系是天的意志中包含着人民的意志，它通过百姓的生活状态和生存心态传达自己的意志。人民生活富足安康，上天的意志即顺利实现；反之则阻碍了天意的实现，历史发展的方向将要转折。国君若要国运亨通，必须遵从上天的威权意志和人民的美好心愿，代替上天来履行牧养万民的责任，否则这种代天牧民的资格会被上天收回。民与国的关系是人民是国家的根本，"民惟邦本，本固邦宁"，只有当根基稳固的时候，国家才能够长治久安，人民的安康预示着国家的兴盛。民与君的关系是两者相互依存，政治的核心在于建立利民、惠民、富民、养民、教民等统治策略和治国经验，国君应当秉承以民为本的重民思想，表现出爱民、安民、亲民、济民、恤民等价值理念和行动准则。天、君、国、民形成了相互影响、彼此作用的交互结构，决定着历史和国家的发展动向。

（一）从天与民的关系看，天佑众民，敬天保民

天是民，也即百姓的牧养者，上天赐下丰饶的物产、立世的人伦和丰美的生活，是为了让百姓能够安居乐业。百姓在土地上辛勤地劳动，日出而作日落而息，与自然的节律保持一致。上天也管理百姓，可是这种管理是间接的，希望他们的行为符合天意，能够遵守伦理风俗和人伦道德，使他们在人间的生活能体现上天的美德和恩情。上天派遣天子即国君来代替自己，对百姓直接加以管理，因此天、君、民之间是权力的赋予与支配关系。这种关系是首尾衔接的环状，而非垂直等级的关系。对于上天，国君和百姓一方面通过祭祀仪式，表达对它的崇仰和感恩戴德；另一方面遵守它的道德律例，在内心接受天作为最高等级治理者的合法地位。

1. 国君的地位要获得天命的认可

上天的旨意显示为天命，天命有常还是靡常是当时争议的一个主题。人们对上天的旨意是恒定的，还是变动不居的，有过一番激烈的争论，可最终结果仍然没有形成普遍共识，没有获得令人信

服的一致性结论。不过达成的普遍信念是，天命衡量国君胜任与否的标准是他们是否考虑人民的利益和意愿。上天是不会放任国君肆意妄为的，通过考察国君是否体恤和爱护人民，来决定是否延续其统治的权力。国君统治的资格来自于天，而影响这个资格能否获得的最直接决定因素在于民。可见，民和天是一体的，天站在民的这边，为民的利益和意愿张目。记载周朝统治智慧的《尚书》有多篇记载了民本的思想内容，如《皋陶谟》提出"天聪明，自我民聪明。天明畏，自我民明威。达于上下，敬哉有土"，《泰誓上》认为"天矜于民，民之所欲，天必从之"，《泰誓中》的"天视自我民视，天听自我民听"，等等。①

2. 国君的治理要顺从上天的威严

天佑民众，而君惧天威，于是国君需要尊重上天福佑民众的意志，来为自己的统治赢得支持，以维持君主的统治地位。上天对人民起到保护和福佑的作用，对国君是决定其能否获得统治的能力和机会。如同周公旦所说，因为天会护佑民众，所以当民众受到君主的迫害时，天就会灭亡君主的统治，将其天命夺去。相反，如果君主以民为本，保民重民，天也会保佑其国祚绵长。因此，统治的权力来源是天，统治的目的是为民，决定能否统治的因素是天命的实现与否。国君不能因为在权力地位上居于民众的上位，就随意按照自己的意愿和偏好来对待百姓，他们只能按照上天的行善意志来宽待和安抚百姓。最理想的境界是以上天的心为心，来爱护民众，

---

① 黄怀信：《尚书注训》，齐鲁书社，2009年，第44、163、165页。

为他们的生活提供保障和安乐，而不是欺压和剥削他们。若民众的怨声传到上天那里，上天就会干涉人间的统治，设立新的仁爱的国君，把不合格国君的统治资格给取消。

3. 从敬天保民向敬德保民的转化

天命是抽象的，人能否准确地把握它，总是存在着一定的疑问，因此，需要把决定历史发展的力量落实到人的身上。人有现实性的一面，同时也有超越性的一面。只有人的超越性这一面，才能和上天的品质相提并论。而最能体现人的超越性的，就是人的内在德性。因此，敬天保民的思想又进一步演化为敬德保民，用人的德性代替抽象的天命，这样更能为现实的政治服务。实行仁德、实施仁政是国君的政治伦理，同时顺从明君的治理、反抗暴君的暴政，是民众的政治素养。周公旦劝导当时的统治阶层，谋取长久统治的决定因素在于德性，对周朝人来说，最重要的事情就是要敬尊天命，把上天的善德彰显出来。在国家事务中，具体表现为对远近的诸侯都不要轻易地去冒犯，已经和好的诸侯要维持和平交往，要继续修道明德，不要安逸无为，否则将会难以收拾残局，周朝将会陷入和夏商一样的结局。从历史经验中总结出一套行之有效的统治原则，是周朝统治者的努力方向，其中包括对民之本性的认识，以及对人民加以教化引导。这拓展了敬天保民的内涵，更多地从民的角度来设计更加有效的社会管理方案。

4. 敬德保民的具体体现

敬德保民之"德"具体表现在如下方面：敬天敬祖，继承祖业；遵守圣王之道，反对暴王之道；虚心接受先哲遗教，包括先王先哲的成功经验；对民的力量心存畏惧，体恤并安抚他们；反对刑政，以德治民；不要好逸恶劳，而要兢兢业业；行教化，作新民。这些丰富的德政内容自成体系、日益成熟，涉及政治生活的方方面面，表现出中华民族的先祖对管理国家的基本要求。他们把治理国家的基业建立在善德上，希望通过修好诸侯、安抚民众、勤于政制、教化百姓，实现"家天下"政治的基业长青。而"民惟邦本，本固邦宁"是其最为核心的思想内涵，影响也最为深长久远，在当今中国共产党"执政为民"的治国理政中亦有统绪继承的出色表现。这一历久弥新的思想，从历史的深处走来，在现实中散发着光彩，为国家的繁荣、富强、文明作出了伟大的贡献。

（二）从民与国的关系看，"民惟邦本，本固邦宁"

国家建立的根基在于人民，人民的支持与拥护是国家兴盛发达的首要条件。一个国家的兴亡，一个政权的成败，都与能否赢得民心民力有着密不可分的关系。只有人民认可这个国家，接受政权的合法性，投身到对社会的全面建设中，这个国家才能屹立不倒，才会长治久安。能够得到人民的爱戴和拥护，国家才能建立、巩固和发展；如果得不到广大人民的支持和拥护，国家的大厦就会轰然倒塌。人民支持和拥护的前提是，他们对国家产生了向心力，把个人的幸福和国家的命运联系在一起。

1. "民惟邦本，本固邦宁"有深厚的民生情怀

人民如果没有得到起码的尊重，他们的生活如果缺乏基本的保

障，他们的利益诉求一旦失去反映的渠道，那么，他们就会和国家产生离心力，国家统治的根基就会动摇。之所以需要国家，是因为国家能够集合群体之力，把人民联合起来，使人民生活得更好。人民和国家之间既有利益联系，也有情感联系，更有命运共同体的关系。当人民和国家之间的依存关系被强行扭断的时候，将会产生巨大的离心力量，使国家的发展方向偏离正常的轨道，使人民的生活遭受伤害和痛苦，这样必然产生革命的要求。而革命的高歌猛进，破坏了稳定的社会秩序，颠覆了原有的价值秩序，激进和狂热的气氛会冲破理智的束缚，给社会造成创伤和苦楚。因此，保障民生需求，给百姓提供国泰民安的生活环境，尊重他们的生存权益，是国家的基本责任。

2. "民惟邦本，本固邦宁"有深远的历史记忆

历史上许多有影响的思想家都曾发出点拨统治阶层良知良能的呼声，提醒他们关注民生、体贴民愿、听取民声、满足民需、赢取民心。他们发表这些见解，目的在于化解劳心者和劳力者之间的阶层矛盾与利益冲突，使他们能够联合起来，共同发挥正向作用，把国家治理得更好。这样避免百姓陷入民不聊生的悲惨生存境况，也避免国君因统治不力而走向亡国的命运。如西汉贾谊说："闻之于政也，民无不为本也。国以为本，君以为本，吏以为本。"他认为国家、君主和官吏都应当以人民为中心，人民是政治的核心和根本。贾谊还说："夫民者，万世之本也，不可欺。凡居于上位者，简士苦民者是谓愚，敬士爱民者是谓智……与民为敌者，民必胜

之。"①人民身上潜藏着智慧和能量，一旦受到统治者的欺压和敌视，最终被推翻的是统治者，胜利的是人民。它成为古代政治智慧中最为经典的篇章，也是继承下来的悠久治国理念，深远地影响了中华民族的政治文化和治理方式。

3."民惟邦本，本固邦宁"预示君民的主次关系

人民作为国家的根本，意味着从民到国、从国到君这样的依次决定关系，即君的地位是因管理国家的需要而产生的，而国家管理最根本的目的还是为了人民的生活。国家治理的效果如何，是通过民情来体现的，只有国家做到明德慎罚、惠民爱民、吸引民心，君的地位方能稳固。人民的生活状况是衡量国君治理国家水平的基本依据，国君之所以掌握管理国家的权力，是因为维护百姓的生活需要这种权力的赋予。这形成了一个内部循环的闭合结构，恰好证实了"民惟邦本，本固邦宁"的理论意义，把民的地位置于政治的首位才是合理的。荀子说"天之生民，非为君也。天之立君，以为民也"②，表述了民对君的决定关系。朱熹注《孟子》中的"民为贵，社稷次之，君为轻"时提出，"盖国以民为本，社稷亦为民而立，而君之尊，又系于二者之存亡，故其轻重如此"③，他的观点和董仲舒一脉相承，都突出民的重要地位。

---

① 贾谊：《新书》（四部丛刊本），张元济等辑，商务印书馆，1922年，第66、68页。

② 荀况：《荀子》，王先谦集解，世界书局，1935年，第129页。

③ 朱熹：《四书章句集注》（江宁局本），中华书局，2011年，第305页。

（三）从治国理政的要义看，政在养民，立君为民

国家、国君和人民，构成了政治运行的稳固结构。人民是国家的根本，国君却能影响国家治理的效果，以及决定人民生活保障的实现与否。这需要确定政治制度和社会建设的价值取向，即管理国家的最终目标是什么，以及设计什么样的具体制度去实现这些目标。民本思想提供的解决思路是：国君的设立是为了百姓的利益，安排和执行的具体政治策略是为了使他们能够生活得富足、幸福。这为政治结构和运行形式，赋予了真实的操作性内容，也成为规范国家政权的伦理原则。

1. 执行休养生息的安民政策

人民的重要性不在于口号和形式，而在于治国理政的施政策略和具体措施，在于确立休养生息的安民政策、立君为民的政治策略，重民、富民、惠民是其主要内容。人民需要幼有所教、病有所医、老有所养，这些问题并非依靠个人的力量就能得以完全解决，往往需要国家公共力量的支持。孔子继承了周代尊民、爱民的美好传统，反对统治阶层过分剥削和压迫人民，提出给人民安宁的内心感受和体面的生活。孔子说："道千乘之国，敬事而信，节用而爱人，使民以时。"[①]他把爱民当作重要的治国内容，主张让人民安心生产、受到教育，让国君在使用权力时，能够有所敬畏地对待百姓，赢取他们的信任和尊重。孔子赞扬郑国的子产"养民也惠"，

---

① 《论语》，杨伯峻、杨逢彬注译，岳麓书社，2000年，第2页。

引申出"因民之所利而利之"的统治原则，要求统治阶层考虑人民的利益。孔子从当时的社会环境和统治经验出发，指出政治的要义即为养民，让人民有好的生活和好的教养。这种治国理念在汉朝建立之初，通过休养生息的公共政策得到具体实现。这也成为具有历史先进性的治国经验，在每个朝代的建立之初都得到了较为全面的贯彻，继而带来了全新的中兴局面，促进了生产和社会的发展。

2. 国君要体察民之疾苦

人民需要安居乐业和接受教化，可这不是自然实现的，需要有开明的国君为其统筹谋划，有仁厚的贤臣为之操持和落实。民本和君本并不对立，而是相辅相成的，重民和重君实为优良政治的一体两面。养民、保民关系到国君的权力稳定，以及向子孙后代的顺利延续，重要性不言而喻，这既是理论上的先进认识，更是在政治实践中的行动方案。只有切实地体察到人民疾苦，关心其生存状况，才能设计出合理的施政措施，给人民带来实际利益。这个问题至关重要，如果统治阶层空喊口号，养民、保民就难以兑现。为君、为官者需要"先知稼穑之艰难"，并且"知小人之依"，了解人民收获的艰难和生存的不易，理解他们生活的困苦。对民之艰辛不可置之不理，而要设身处地、感同身受地为改善他们的实际生活而集思广益，群策群力。

3. 国君要有高尚的道德情操

立君为民的基本要求是国君要成为理想人格的化身，具有高尚的情怀，崇尚道德和乐施仁政。做国君是为人民，而非为自己一家之私利，天下是百姓的天下，而不是一家之天下。这是比较朴素的公共精神的萌芽，要求国君为天下的安危治乱而思虑，而非只为子孙后代谋求权力。从客观情况来看，如果国君无法正当地遵守权力和道德的双重约束，一旦陷入自私、无能和残暴的网罗，那么这样的统治必将被人民起来革命而推翻。历史的朝代更迭很好地说明了这一点，国君的权力不是永恒的，可是人民的力量是永恒的。反之，如果国君拥有为民之心，这样的国君被形容为"比之如父，拟之如天"[1]，高尚的道德为国君带来高贵的名誉。为人民着想，为天下着想，是立君为民的首要义务。这是把人民的位置摆放在国君的前面，强调民的忧乐重于君的兴亡，再次体现了政在养民、立君为民的民本思想。

三、民本思想的基本走向

民本思想经历了不同的时代，许多伟大的思想家对之加以阐述，这形成了看待它的多棱视角。它发端于商周，成熟于秦汉，在整个皇权专制帝国时期被反复地论述着，在清末民国时期仍然受到重视，直到现代对国家治理时依然被大力提倡。由此可见，民本思想贯穿了中华民族传统文化的整个发展历程，整理它的历史脉络，可以总结出它的核心思想，并明晰它的未来发展走向。

---

① 黄宗羲：《明夷待访录》，中华书局，2011年，第9页。

（一）先秦时期民本思想的初步形成

夏、商、周三代的政治文明以协调天、君、民的和谐关系为主线。原典礼乐文化的崩解，以及诸侯割据的军事动荡，改变了原有的政治秩序和生活情状。战争的连年破坏，造成了民生凋敝，百姓生活在贫穷和痛苦当中。社会秩序如何重建，人心安定如何实现，伦理风俗如何整顿，未来的历史发展方向如何设定，这些问题促成思想家们深入反思以往的历史经验，使民本思想初步形成。

1. 孔子仁政中的民本思想

孔子目睹了人民在社会变革中的重要作用，同情他们在时势转变中所遭受的种种苦难，希望通过实行仁政来使百姓生活得和睦而安宁，这样国家也能够维持强盛。他主张"仁者爱人"，要求统治者对人民施行"德政"。"有国有家者，不患寡而患不均，不患贫而患不安。盖均无贫，和无寡，安无倾。夫如是，故远人不服则修文德以来之，既来之，则安之。"物质分配的公正，情感体验的安宁，是国家增强凝聚力和发挥影响力的重要途径。他提出先庶、后富、再教的民本观点，"百姓足，君孰与不足？百姓不足，君孰与足？"提出君要以民为重为先，藏富于民，不要对民过分搜刮，要以人民之足为足，和人民站在一条利益战线上。他还提倡德治，"道之以政，齐之以刑，民免而无耻；道之以德，齐之以礼，有耻且格"[1]，希望人民在修习礼乐文化中，走向富足和文明。

---

[1] 《论语》，杨伯峻、杨逢彬注译，岳麓书社，2000年，第8、110、157页。

2. 孟子对民本思想的进一步发展

孟子继承并发展了孔子的民本思想，他想要探索出把民本思想中那些美好的观念加以实现的方法。这主要表现在两个方面，首先，在政治上提倡"民贵君轻"说，"民为贵，社稷次之，君为轻"，国家的存在是为了人民，而不是为国君的利益服务的。他说失去了天下的国君，是因为失去了他的人民的拥戴，而失去了人民是因为失去了人心的归顺。得道多助，失道寡助，能否获取民心的认同，是保证国家基业能否稳固的长久之计。他指明民与君是互相影响的，"乐民之乐者，民亦乐其乐；忧民之忧者，民亦忧其忧。乐以天下，忧以天下，然而不王者，未之有也！"[1]如果国君能够以天下的忧乐为忧乐，那么他一定能够获得稳固的统治权力，因为百姓也会以他的忧乐为忧乐，支持他的统治。

其次，在经济上主张"制民之产""取于民有制"。他要求统治者按"仰足以事父母，俯足以蓄妻子，乐岁终身饱，凶年免于死亡"[2]的标准，给百姓五亩之宅、百亩之田，不违农时地加以耕种，让他们的生活有基本保障。和孔子一样，孟子同样强调经济发展和物质生活的重要性，让人民的生活不至于陷入饥荒匮乏是他的最低限度。他谆谆教诲国君要有节制，不要无限度地索取百姓的财富。施政的时候，要考虑到让百姓能够拥有物质财富，这样他们就能够有恒定地去创造美好生活的心志，也会接受国君的统治，而不去推

---

[1] 孟轲：《孟子》，杨伯峻、杨逢彬注译，岳麓书社，2000年，第17、24、250页。

[2] 《论语》，杨伯峻、杨逢彬注译，岳麓书社，2000年，第8、110、157页。

翻他。

3. 荀子对民本思想的贡献

荀子在继承孔孟民本思想的基础上，对人民在国家中的作用有了更深刻的理解，提出了振聋发聩的"君舟民水论"。"天之生民，非为君也；天之立君，以为民也。""君者，舟也；庶人者，水也。水则载舟，水则覆舟。""得百姓之力者富，得百姓之死者强，得百姓之誉者荣。三得者具而天下归之，三得者亡而天下去之。"[①]在荀子看来，没有人民的拥护和支持，统治阶层将举步维艰，在他们需要百姓为之出力出命的时候，恰好是百姓起义并推翻他们的时候。而要获得百姓的支持和拥护，首先要富民强国，他首次从经济发展的角度论证了国富与民强之间的合理关系，这为后世历史发展的现实经验所证实。

（二）汉唐对民本思想的逐步完善

汉唐时期的民本思想以汉代的贾谊和唐代的李世民为代表。汉唐延续了秦所开创的以皇权专制为中心的官僚政治制度，其经济基础是分散的小农经济。民本思想的发展相对稳定，可由于遭受秦末、隋末农民起义的严重破坏，直接造成了秦王朝和隋王朝的覆灭。长期的战争破坏，民生凋敝，生产停滞不前，人民满怀厌战和反战情绪。汉初和唐初统治者吸取盛衰成败的历史经验教训，采

---

① 荀况：《荀子》，王先谦集解，世界书局，1935年，第33、52、129页。

取与民休养的民生政策，发扬传统民本之义，使民本思想逐步走向完善。

1. 汉朝民本思想的目的是缓和社会矛盾，巩固皇权政治

秦朝因忽视人民的重要作用而带来自我毁灭，万世而治的幻梦只能终止于二世，这给后来的统治阶层留下了深刻的教训。汉初的政论家贾谊总结了秦王朝覆亡的教训，认为统治者应倡导仁义和德政，中心是爱民和利民。他强调"民为政本"，国家安危存亡之本在于民，认为历史经验能够让人明察社会发展的终始之变和存亡之由。因此要把这样的经验一直教导下去，以获得世道的平安，这是说历史的经验教训是统治者教育的重要内容。他在《新书·大政上》中说："闻之于政也，民无不为本也。国以为本，君以为本，吏以为本，故国以民为安危，君以民为威侮，吏以民为贵贱。此谓民无不为本也。"[①]这是说要尊重和关爱人民，不可因他们没有权力和地位就欺压和残害他们，否则，民与君为仇为敌，国家的存在就岌岌可危。

2. 唐代"国以人为本"的思想拓展了先秦民本思想

李世民亲历民众的变革力量，认为民心可畏，要维护统治，需要重民、爱民、保民，他在大乱之后采取安民的治国之术。他认为成为国君，根本在于是否有道有德，而民对这一点是有发言权的。在《资治通鉴》中有这样的记载，他说："君依于国，国依于民。""夫欲盛则费广，费广则赋重，赋重则民愁，民愁则国危，

---

① 贾谊：《新书》（四部丛刊本），张元济等辑，商务印书馆，1922年，第66页。

国危则君丧矣。"在《贞观政要》中李世民说："凡事皆须务本，国以人为本，人以衣食为本。"李世民承认解决民之生计的重要性，把它上升到国之本的位置。他采取积极的减轻赋税和徭役的施政措施，安定民心，改善民生，提升人民的生活水平，开创了皇权专制社会中光辉灿烂的太平盛世——贞观之治。这是他善于总结历史经验的结果，他的施政方略成为后世可资借鉴的宝贵政治遗产。

（三）宋元明清时期，民本思想的发展日益完善

民本思想经历了先秦时期的萌芽，汉唐时期逐步发展，到宋元明清时期日臻完善。它成为治国安邦的指导性思想，保障人民社会地位的实际提高，引起了统治阶层对人民的重视。民本思想蕴含着历史唯物主义的因素，在长期的政治实践中，滋养和哺育了中国历代的贤君名臣，创造了管理国家的佳绩。真诚信奉并自觉实行民本思想的人，在历史上开创过文景之治、贞观之治、开元盛世和康乾盛世等安定繁荣的政治格局。即使在民生凋敝的年代，它对维系国计民生，恢复和发展生产，仍然起到至关重要的作用。

1. 宋代民本思想渐趋繁盛

（1）张载为生民立命的淑世情怀

宋朝的商品经济发展水平较高，商业活动频繁，思想家张载提出在发展商业市场时，兼顾官民的双向利益，而不是只强调以官方为代表的国家利益。"故市易之政，非官专欲取利，亦所以为

民。""今以天下之土棋画分布，人受一方，养民之本也。"①张载
继承和发展了有深厚传统的民本主义，主张以民为本，注重民生，
强调发展商业生产，立足于经济改革，主张还富于民。他的广为人
知的经典名言是："为天地立心，为生民立命，为往圣继绝学，为
万世开太平。"再次把人民与天地、与圣贤相提并论，并把文士的
使命定位于为民众的利益代言。他的重要思想"民吾同胞，物吾与
也"，把万物与君民视为一体，揭示了他们之间互为依存的关系。

（2）其他思想家和政治家对民本政治的重申

宋代代表官僚大地主阶层利益的保守派，如司马光和朱熹等
人，也主张以民为本。司马光说："若周世宗，可谓仁矣，不爱
其身而爱民。"②他认为爱民的周世宗可立为国君的榜样，是仁义
之君。"民者，国之堂基也。"民是国家隆盛的根基，若要治理好
国家，一要法度严明，行其号令，让百姓的言行举止有严格的规则
可以遵循。二要敦明信义，兼爱兆民，奠定国家发展的情感基础。
可谓在治理国家时，情、理、法三管齐下，形成一定的优势聚合效
应。程颢和程颐认为"民惟邦本"，"为政之道，以顺民心为本，
以厚民生为本"③，劝导国君要丰厚民生、顺应民心，圣君之道就
在于使民心悦诚服。"养民之道，在爱其力，民力足则生养遂，生
养遂则教化行而风俗美，故为政以民力为重也。"二程提倡节用民
力，施行教化，从物质文明和精神富足两个角度来治理民众。

---

① 张载：《张载集》，中华书局，1978年，第249页。
② 司马光：《资治通鉴》，中华书局，2009年，第3673页。
③ 程颢，程颐：《二程集》，中华书局，2004年，第531页。

朱熹认为"人君为政，在于得人"，政治的根本在于吸引人心的归向。"天下之务莫大于恤民"，政治的首要任务是体恤民情、惜用民力。"生民之本，足食为先，盖欲吾民衣食足而知荣辱，仓廪实而知礼节，以共趋于富庶仁寿之域。"①一方面让民丰衣足食，一方面让他们遵守礼节，让民富庶，让国家仁寿。宋代的思想家们身处生产力发达和商品经济长足发展的历史时期，更为强调民生的重要性。从国家发展的角度主张强本节用，从人民生活的角度倡导物质的丰富和精神的富足同等重要，国家既要让人民生活富足，还要使他们德性美好。这样才能形成一个稳定、富强和文明的伟大国家，百姓在其中生活也能物我双丰、怡然自得。

（3）宋代民本思想发展到鼎盛时期

宋代无论是改革派的王安石，还是保守派的司马光，抑或是专事精神生产的二程和朱熹，他们的基本政治立场都是仁政，而重民是仁政的有机组成。他们从维护国家的根本利益出发，奉劝统治者们要以民力为重，争取民心的归向，与人民持守同样的利益立场。宋代的民本思想兼顾物质和精神的双重需求，平衡国家和人民的双方立场，协调生产和消费的双向活动，它发展到历史上的鼎盛状态。他们合理地继承了传统文化中民本思想的合理要素，同时立足于当时的政治、经济和社会生活，创造性地发展出重民、以民生为重的思想。民生既要物质的富足也要注重精神生活的满足，他们表现出一如既往地为民众的利益而奔走呼号的亲民精神。

---

① 朱熹：《朱子全书》，上海古籍出版社，2002年，第4624页。

2. 明清时期，民本思想呈现出新特点

（1）内忧外患的政治危机使思想家们忧国忧民

明清时的思想家虽然忧心忡忡，可并没有放弃希望。他们进一步完善了民本思想，从而使儒家民本观念达到其所能达到的较高水平。明代张居正说："唯百姓安乐，家给人足，则虽有外患，而邦本深固，自可无虞。"张居正认识到即使国家处于外部战争的威胁，只要国内政治生态维持安定，人民能有安乐、富足的生活，那么暂时的战争危机也能够有效化解。"伏望皇上，轸念民穷，加惠邦本。"明清时代的思想家们更为关注人民的日常生活，"仍乞敕下吏部，慎选良吏，牧养小民。其守令贤否殿最，唯以守己端洁，实心爱民。"这是一种虔诚的恳求心态，希望官吏能够真切地爱护人民，为人民的生活着想，只有这样，国家才能于风雨飘摇中度过危机。

（2）思想家们指出爱护人民是国君的第一天职

这种危机意识巩固了民惟邦本的传统观念，要求统治阶层从维护国家发展的高度，以节财爱民为政治要务。良臣恳请开明君主来切实安民，坚固国家的人心根基，体察民间疾苦。作为统治阶级中的进步派，明代的一些政治家们为广大民众的利益奔走呼吁，具有强烈的人文关怀和务实精神，设计出一套行之有效的措施，并身体力行。如在《周易外传》中明末著名思想家王夫之说："君以民为基，无民而君不立。"重申了君民的互相依存关系，认为爱护人民是国君应当修习的第一天职，勇敢地对国君的行为加以箴训。

这时已经产生了公共意识和公共伦理，把"一姓之兴亡"划归

到私人领域，而把"生民之生死"划归为公共范畴。在客观上区分了国君与生民的公私性质，劝导国君审时度势，以免让自己陷入不可自拔的亡国境地。王夫之及时总结了历史的经验和教训，针对当时的政治积弊，对民本思想进行了比较全面的补充。其中的重要内容有藏富于民、义利一体和朴素的平等观等，都倾向于支持人民的利益。这有益于民众的生存和发展，也有利于国家的稳固和强盛。

（3）产生了国君为国家委托代理者的思想观念

君民的关系问题从先秦开始讨论，一直贯穿到近代，基本上有君民并重、君主民辅和民主君辅这三种观点。可明末清初重要的思想家黄宗羲却说："古者以天下为主，君为客，凡君之所毕世而经营者为天下也。"[1]他指出国君是天下的代理人，他所需要经营的事业乃是为人民争取好的归宿，一姓之兴亡并不足重，万民之忧乐才是需要真正关心的国之大计。只能国君"为天下"，不能以全天下"为君主"，一旦颠倒过来，国君的权力缺乏约束，国家的存在也遭受生死考验。自秦以后，国君反客为主，视人民为囊中私物，混淆了以国君为大和天下为公的界限。"视天下为莫大之产业，传之子孙，受享无穷"的自私观念，恰恰是丧失天下前的不吉征兆。黄宗羲目睹了明王朝的黑暗腐朽和清王朝的野蛮残暴，充分认识到人民的强大威力，对其力量有较为清醒的认识，使民本思想有了新突破。

3. 宋元明清时期民本思想的影响

考察这一时期民本思想大力兴起的缘由，总体而言，是因为

---

① 黄宗羲：《明夷待访录》，中华书局，2011年，第8页。

宋元明清是中国古代社会逐渐走向衰落的下行时期。生产力水平的高度发达和国运的内忧外患，形成了一定程度的落差，振兴国运的思想与使命，使思想家们到民本思想中发掘改良政治的良方。这一时期土地高度集中，生产力水平发达，商品经济的发展水平大大提高。可是国家的赋税繁重，官僚阶层腐败，统治阶级与人民的矛盾极为尖锐，国家的命运和人民的生活常常萦绕在政治家和思想家们的心间。农民起义军给统治王朝以致命的打击，民族矛盾也较为突出。新兴的市民阶级需要掌握生产和生活的主动地位，他们和思想家、政治家们"里应外合"，前者在生产和生活中的主体精神，鼓励后者去为他们的利益积极呼吁。两者的力量结合在一起，承担着促进国家发展的神圣使命，以民为本的实质就是以国为本，他们同时反对以君为本的不良倾向，这使民本思想的发展出现了新的转折。

（四）民本思想的现代价值和现代转化

1. 民本思想与现代民主思想的差异

传统社会中的民本思想，把国家长治久安的希望寄托于崇道重德的圣君贤相，强调国家的根基在民，只有巩固基础，国家才能安宁富足，这是一种带有人民性的国家学说。民本思想往往被与民主思想相提并论，其实两者有本质差异。民本中的民并不是权力的主体，而是需要享有生存和发展权利的群体。国家重视他们，国君维护他们，是因为他们的基本权利无法满足的时候，可能会聚集起来反抗国君的统治，给国家造成致命的打击。而民主思想承认人民有天赋权利，国家的统治权力由人民授予，需要按照全体人民的公共意志及国家根本利益来进行统治，人民有权利罢免和选举各级官员。民本思想是皇权专制制度的产物，民主思想是现代主权在民主政治的产物，两者泾渭分明，不能混为一谈。

2.民本思想在现代社会具有重要价值

虽然民本思想与民主思想并不等同，可作为我国的优良政治传统，民本思想在现代国家治理中仍然具有重要价值和合理意义。中国共产党十六大报告中指出："发展社会主义民主政治，最根本的是要把坚持党的领导、人民当家做主和依法治国有机统一起来。"这里首次正式地提出把人民当家做主作为发展社会主义民主的必要条件，这是政治实践多年来探索的成果，可如何把三者有机统一起来，需要治国理政的政治智慧和持之以恒的辛勤探索。民本思想从历史走向现代，在不同时期发挥着独特的作用，民惟邦本、本固邦宁的贤哲声音一直回响在人们的耳畔，提醒现代国家的建设者要关注民生，与民同行同心。

四、民本思想的独特创造

中华传统民本思想源远流长，贯穿于整个古代社会，历经三千年，内化为中华民族深层次的文化心理结构，制约着人们的思维方式和行为模式。时至今日，在当代中国仍有广泛的社会心理基础，仍会产生深远的现实影响。在建设现代国家和加强治理能力的现代化建设的进程中，合理利用民本思想中的优秀精华，仍有重要的现实意义。这要求我们从根本上理解民本思想在产生、形成和发展中，凝聚着古老政治智慧的独特创造，使民本思想与现代民主思想、以人为本思想相得益彰。

（一）民本思想以社会伦理为本位

1. 民本思想通过伦理方式来解决社会问题

相对于西方现代民主思想强调个人本位、权力至上和个体自由，中华传统民本思想突出社会伦理本位，把个体编织到社会关系中来考察人的现实生活，以及考察国家能否实现善治。在等级森严的皇权专制统治中，通过各个阶层间的互动交往和互施仁爱，从伦理层面来透视社会政治生活，形成了伦理、政治一体化的思维方式，甚至产生政治和伦理界限不清的状态。民本观念的接受者是统治阶层，传播者是以知识为本职使命的文化人，主体内容是由贤臣和士人向国君及统治阶层子弟传递的文教信息。它在形式上看是以人民为中心，可是根本目的还是在于维护君主的顺利统治，让血亲宗法政权有权力延续的能力和空间。

2. 民众从根本上无法参与权力的分享

这意味着人民并非觉醒的权力主体，更无法从权力体系中分配到直接权力。他们只是被动接受物质安排和精神安抚的对象，相对于不享受权力的状态来说，如果继续失去生存和发展的机会，则是更为可怕之事。好在中华优秀传统文化中有天人合一思想，无论是人、是物，或是君、是民，他们都和谐地融合在这个合一的体系当中，只是各自的位置和职分有所不同。这种和合观使人们在思考政治问题时，开始踏上对人的发现之旅，意识到人是万物之灵长，是社会存在的坚实基础，是构成国家的第一要素。就人与社会的关系而言，中华传统政治理念注重人的社会性，强调从社会关系出发，安心于已有的社会结构，各自执行本分，维护差序格局的稳定状态。把国家兴盛的命运维系于国君的仁心义魂，而非合理地进行制度安排，这也带来了隐患。即当产生暴君暴政时，人民只能通过农民革命的方式来推翻国家的残暴统治。

3. 人民的权益保障无法脱离君王的善治

当思想家们审视政治中的君与民、国与民及治与乱等问题时，把君提升为天地万物的统一者。在《春秋繁露》中董仲舒说："取天地与人之中，以为贯而参通之，非王者孰能当是？"既然国君承担着贯通天地人的重要职责，那么势必产生"君为政本""民为国本"的民本观念。进而在治国方略上表现为"以民为本"的理念，从君与民的互相依存关系来谋求社会的安定和国运的昌盛。君民是互相依存的，明君需要善民，因此每个朝代都强调对人民的教化；安民需要贤君，若不从道德上来约束和要求君主，那么人民的生活必然困苦不堪。当社会压力超过固定的承受界限时，君不将为君，民亦不将为民，双方的位置和秩序会发生改变。这从根本上回答了管理国家权力的本质和来源，很好地解释了等级制度的合理性，也提供了治理社会的现实策略。

民本思想是国君的行动指南，也是朝代更迭兴亡的直接凭据，历史经验反复验证了它的合理性和可行性。民本思想规范着君民间的伦理原则和行动准则，也更深层次地解释了古代社会的基本结构和典型的国家制度。它不只涉及如何看待、对待人民，不仅指向国君的道德水平，更是关系到政治、经济和社会的整体运行。民本思想是古代政治思维的主线，也是整个社会伦理的总体框架。

（二）民本思想是间接民主思想

1. 民本思想不能直接等同于民主思想

民本思想容易给人造成以民为中心的认知偏差，这使人难以区分重民思想和现代民主思想。民本中的民属于类群体的概念，阶级性和阶层性是它的实然属性，民的本质是作为被管理者定义的。虽然民是被管理者，可是他们并不应当成为奴役和迫害的对象，因为他们仅仅是不享受权力，但是生产劳动、闲暇娱乐和接受教育却是他们应该享有的生活内容。如果统治阶层不能从基本生活保障和底线生存要求的角度来对民加以管理，那么带来的结果就是造成国君的覆灭和国家的灭亡。可见，民不拥有权力，可是拥有决定国运兴衰的能力，能否恰当处理好君民关系，是考验国君智慧的基本路径。

2. 民本思想是对多种力量的整合

统治阶层若能尊重和遵循民本思想，则会通过整合天意代表的圣王之道、民意代表的生存之道、君意代表的权力之道，来维护和强化既定的统治秩序和社会结构，进而谋求自身的阶级利益和实现一定的政治目的。如在《贞观政要》中唐太宗李世民说："可爱非君，可畏非民。天子者，有道则人推而为主，无道则人弃而不用，诚可畏也。"这是说成为国君并不是他本身有什么值得称道之处，而是因为他要成为道德的载体，否则，他的权力就会为人民所丢弃，这真是值得国君、贤臣和士人们认真思考的大问题。由此可见，人民的身上携带着一种弱势、柔性的权力特质，在国泰民安的和平年代体现得不清晰，可是一旦民生沉重，社会矛盾被激发起来，以致无法化解，人民的这种柔性权力就会呈现井喷式爆发，从而扭转历史的发展方向。

3. 民本思想是一种间接民主观念

民本思想不会直接导向天赋人权和国家的民主治理，可是人民的力量仍然不容忽视。强调民本，也意味着强调君本，民本思想是另一种君本思想，因为君、民互为存在的前提。君民关系是天命的安排，可是天命的安排是可以变更的，一旦君主不执行抚民、养民的天然职责，那么天命就要剥夺他的权力。正是因为有神圣之天的调节，君王居于中间位置，既需要对上天负责，也要对人民负责。人民的生活是否安顺、富足和幸福，是考察君王德性和能力的试金石，他能否尊重天意和民意，决定他能否继续享有管理国家和人民的权力。因而民本间接强调了人民对于历史发展的巨大推动作用，也可以说人民是历史的主人。

这种间接民主观念，造成中华政治长期以来处于人治状态，而不是像西方那样形成契约精神和法治社会。民本思想家们认为国君和人民是组成国家的基本要素，没有人民，统治阶层无从统治，衣食住行和人身安全皆无法保障。人民是被天福佑的，是被君主需要的，是安居于土地上的生产者。主权在君，是否配合主权的统治，则是民的本分。民本思想既是一种间接民主的形式，也是对社会关系和职责伦理的观照，更是中华故哲先贤的独特创造。它适合中华的政治土壤，是内生的政治智慧和切实可行的管理方案。

（三）民本思想的目的在于限制君权

1. 君舟民水是民本思想的重要隐喻

君舟民水形象地描述了君民之间互相影响、彼此决定的关系。水对舟有双重作用，既能载舟，亦能覆舟。同样的道理，人民既可以让君王坐稳江山，也可以使他们失去天下。孟子说："得道多助，失道寡助。"国君若失去人民的支持，则会众叛亲离。民本思想最为直接的现实作用，就是限制君权，通过人民的现实力量和在历史演进中的作用，很好地对君权形成限制。民本思想在历史发展中，构筑了一道安全警戒线，让统治阶层始终有一种危机意识。

2. 无限的君权被民本适当地调节和中和

当把民作为国之本时，其实已经预先设定了人民是统治对象，是国家政治的基础，只有国君才是真正的主权者。民本思想要求统治阶层"重民""爱民"，并不是为了人民而是为了国君。对人民实行"仁政"，强调"以民为本"，不是真正把人民当作政治主体和目的，而是认清了人民在维护国家统治中的作用。民之所以为本，是因为人民是税收之本、赋役之本、兵役之本、稳定之基、等级之基。从现实意义上说，民本客观上限制了君权，实质上是对君民的双重保护，是君民之间可能爆发冲突的减压阀。君民之间双向影响的作用方式，是民本思想备受重视的根本原因。

五、民本思想的价值理念

民本思想经历了长期的历史发展，其中有三条价值理念贯穿其中，即民惟邦本，以民生为重；以民为主体，由民来做主；许民以厚利，顺民心民意。这三条主线勾勒出民本思想的大致轮廓，表达出尊重人民和安顿人民的价值取向。

（一）民惟邦本，以民生为重

把民作为邦本，并非无谓地抬高民的位置，而是认识到民对国家建设的重要性。《尚书》说："欲至于万年惟王，子子孙孙永保民。"这是说保民是延续统治的前提。"敬天保民""民惟邦本""民贵君轻""立君为民"等古训，表现出对人民的重视，要尊重人民的身份和地位。《左传》更是从国家兴亡的高度阐发了人民的重要性，其中说："国将兴，听于民；国将亡，听于神。"更多地体现民能载舟、亦能覆舟的严苛历史教训，这是对统治者的提醒和警示。这要求统治者以民生为重，满足人民的日常生活需要，把民生放置到国家治理的首位。

（二）以民为主体，由民来做主

现代政治中的民本思想从注重人民的生活需要，上升到关注人民的主权地位，即由人民当家做主。人民自己掌握着自身的命运，做自己的主人，也推动着历史向前发展。现代民本思想是要培养现代公民，使其充分享有宪法和法律规定的权利，并履行自己应尽的社会义务。在现代社会，公民选出有志于且有能力管理公共事务的人，在公共治理中实现人民的共同意志。我国实行人民当家做主的基本国策，在不损害国家根本利益的前提下，公民可以自由而充分地表达自己的意见，公民有集会、游行、出版和言论自由。这是对传统民本思维的超越，使民本思想获得了新的生命力。

（三）许民以厚利，顺民心民意

不与民争利、施行仁义、敬德保民是贵民而隆君，爱民、利民、富民多角度地规定了民本的内涵。安定民生、体恤民虞、顺民意、合民心、取信于民，共同构成了完整的民本思想。这种思想折射出中华古代政治思想的精华，较好地体现出中国古代的政治思维，也是各个朝代治理国家的基本政治原则。民本思想既肯定了民众在政治上的根本地位和决定作用，也要求统治者在政治实践中为民着想。因为是中央集权的官僚管理体制，百姓并不要求分享权力，只要求有安定的社会环境和富足的生活水平。若是掌权者能做到这点，那么政治的稳定也是顺理成章之事。

民本思想作为中华民族创造并继承下来的重要价值理念，凝聚着民族的集体智慧，是先进的思想文化遗产。在当前新的历史条件下，中国正在努力建设中国特色的社会主义先进文化，并积极融入全球格局当中，发挥正在和平崛起的大国影响力。我国以马克思主义为全方位发展的理论指导，结合对西方现代政治文明的合理借鉴，在此基础上对传统民本思想进行批判性继承，积极维护最广大人民的根本利益，促进传统民本思想向现代民本观念的积极转化。

六、民本思想的政教意义

民本思想产生于统治阶层及思想家治理社会的需要，是这些精英群体面对社会矛盾和国家命运而进行意识反省的产物。他们主张以民为主体，以民为本位，承认人民对国家和历史的客观作用，认识到人民在社会发展中的重要地位。当民本思想形成后，即成为政治精英和知识分子自我教育的主要内容，他们希望时时、事事、处处以此为准绳，对照和反思自身的治理能力和管理方式。他们把民本思想作为教育未来精英阶层的精神资源，希望世世代代延续下去，一方面治国保民，另一方面基业深厚。民本思想寄托着人民安心生活的愿望，也寄托着国君实现善治的理想，更是士人对国家命运和人民安康的主动担当。

中华文化向来有政教合一的传统，民本思想的政治蕴含和教育意义水乳交融，执政为民是考验治理能力的探测器，也是考察民心向背的试金石。在中华大地的政治实践中，民本思想产生了重要影响。重视民本观念，则政治稳定、百姓幸福、经济发展、社会进步，反之则政局动荡、百姓离乱。尊重这种社会发展规律，是把握着历史的发展趋势。统治者特别重民、利民，体贴民心、民意，实施重民、保民的政策时，国家就会繁荣、稳定发展，如历史上的"文景之治""贞观之治"。当与民争利、荒淫无道、实施暴政虐政时，国家就常常陷入纷争战乱。这说明，只要统治阶层意识到人民群众的作用，在一定程度上维护人民的利益，则能推动社会历史的发展和进步。社会发展的历史进程诉说着一个真理：人民群众才是历史的真正主人，他们真正主宰着历史的命运。

经典中的「民本」

一、《尚书》中的"民本"

《尚书》是中国最早的一部历史文献汇编。最早时它被称为《书》，到了汉代被叫作《尚书》，意思是上古以来之书。汉代以后，《尚书》成为儒家的重要经典之一，所以又叫作《书经》。

【作者简介】

作者已很难确定，但在汉代以前就已有了定本。

【选文】

皋陶曰："都！在知人，在安民。"禹曰："吁①！咸若时②，惟帝其难之③。知人则哲④，能官人⑤。安民则惠，黎民怀之。能哲而惠，何忧乎欢兜，何迁乎有苗，何畏乎巧言令色孔壬⑥？"——《尚书·虞书·皋陶谟》

【注释】

①吁：叹词，相当于"哎呀"，"唉"。

②咸：皆、都。时：通"是"。

③惟：发语词，可不译。

④哲：智、明智。

⑤官：名词活用作动词，任用。

⑥孔：很。壬：佞，巧言善媚。

【翻译】

皋陶说："啊！为政之道在于知人善任，在于安定百姓。"禹说："唉！都像这样，恐怕连帝舜也难以做到。知人善任就是明智的，就能任用合适的人。能安定百姓使人民安居乐业，即给人民以恩惠，百姓都会怀念他。能做到明智和受人爱戴，人民当然相率来归，何必担忧欢兜？何必流放三苗？何必害怕巧言、善色、奸佞的人呢？"

【解读】

《尚书》中的《皋陶谟》主要记录的是舜、禹等人在会议上的讨论内容。从这段文字中，我们可以看出讨论的重点是治国安民的问题。禹指出了君主要"哲"、要"惠"，"能哲而惠"者就可以"何忧乎欢兜，何迁乎有苗，何畏乎巧言令色孔壬"，从而可以看出皋陶、大禹二人都强调"知人、安民"以及"能哲而惠"的重要性。

【选文】

今尔有众，汝曰："我后不恤我众①，舍我穑事而割正夏②？"予惟闻汝众言，夏氏有罪，予畏上帝，不敢不正③。今汝其曰："夏罪其如台④？"夏王率遏众力⑤，率割夏邑⑥。有众率怠弗协⑦，曰："时日曷丧⑧？予及汝皆亡。"夏德若兹，今朕必往。——《尚书·商书·汤誓》

【注释】

①后：君主，国君。

②穑事：农事。

③正：通"征"，征讨。

④如台：奈何，如何。

⑤遏：通"竭"，尽力，竭力。

⑥割：剥削，祸害。

⑦有众：臣民。率：大多。怠：怠工。协：和。

⑧时：通"是"，这。曷：什么时候。日：这里用作比喻，指夏桀。

【翻译】

现在你们有人会说："我们的君王不怜悯我们众人，荒废我们的农事，为什么要征伐夏王呢？"我又听你们有人说夏桀罪孽深重，我敬畏上帝，不敢不去征伐啊！现在你们大概会问："夏桀的罪行究竟达到什么程度？"夏王敲骨吸髓耗尽民力，剥削夏朝的人民。民众群起怠工，同他很不和谐，他们说："这个毒辣的太阳什么时候消失呢？我们宁愿跟它一起灭亡。"夏王德行这样败坏，现在我一定要去讨伐他。

【解读】

《汤誓》记录的是商王汤讨伐夏桀作战前的誓师词。其中叙述了夏桀的罪行"夏王率遏众力，率割夏邑"。商王汤的这些话是为了说明讨伐夏桀是为了解除老百姓的疾苦，从而能够获得百姓的支持与拥护。夏桀的残暴统治，引起了民众的不满，最终导致了国家灭亡。商代的重民保民思想，在先秦重民保民思想发展史上起着承前启后的重要作用，它受原始时代民主风尚的影响，在总结夏王朝成败中提出。其主要内容又直接影响并构成了西周初年民本思想的基本框架。夏王朝的统治者所犯的罪过正是不保民。在商汤的言论中，我们可以十分明确地感受到他对夏王朝兴衰的认识，以及由此产生的对民众的重视。

【选文】

王曰："封！予不惟若兹多诰①。古人有言曰：'人无于水监②，当于民监③。'今惟殷坠厥命④，我其可不大监抚于时⑤！"——《尚书·周书·酒诰》

【注释】

①诰：劝说，告诫。

②监：通"鉴"，查看。

③民：民情，民心。

④厥命：福命，天命。

⑤抚：据。时：通"是"，这。

【翻译】

王说："封啊！我不想如此多说。古人说的好：'人不要光把水当作镜子查看自己，还应当对着百姓的心去查看自己。'现在殷商已丧失了它的福命而亡国了，我们怎么能不拿这个事实作为深刻的警诫！"

【解读】

《酒诰》，出自《尚书·周书》，作者是周公旦。周公旦，姓姬名旦，是周文王姬昌第四子、周武王姬发的弟弟，曾两次辅佐周武王东伐纣王，并制作礼乐。因其采邑在周，爵为上公，故称周公。周公是西周初期杰出的政治家、军事家、思想家、教育家，被尊为"元圣"和儒学先驱。

《酒诰》是中国第一篇禁酒令，其中禁酒之教基本上可归结为，无彝酒，执群饮，戒缅酒，并认为酒是大乱丧德、亡国的根源。这篇是周公对康叔的诰辞，旨在告诫康叔不要像殷商的统治者那样腐化堕落。其实在这篇文章之前也曾指出从成汤到帝乙如何不饮酒而勤于政务，同时也指出他们的继承人抛弃了前人的传统，沉溺于尽情地饮酒作乐，不把百姓的怨恨放在心上，最终走向灭亡。所以，周公借用古人之言告诫康叔——要关注民心，这是很重要的事情，关乎国家的存亡。

【选文】

厥图帝之命，不克开于民之丽①，乃大降罚，崇乱有夏。因甲于内乱②，不克灵承于旅；罔丕惟进之恭，洪舒于民③。亦惟有夏之民叨懫日钦④，劓割夏邑⑤。天惟时求民主，乃大降显休命于成汤⑥，刑殄有夏⑦。"——《尚书·周书·多方》

【注释】

①开：开释，解除。丽：通"罹"，遭遇，施也。

②甲：通"狎"，习常，习惯。

③洪：大。舒：通"荼"，荼毒，毒害。

④叨懫（zhì）：贪婪愤怒。钦：兴，崇尚。

⑤劓割：残害。劓，古代割掉鼻子的一种酷刑。

⑥显休：光与美。

⑦殄：灭绝，灭亡。

【翻译】

夏桀败坏了天命，不能把老百姓从灾难的罗网中解救出来，上天便重重地降下惩罚，来惑乱夏朝。这是因为夏桀习于在国内为非作歹，又不听从上帝的开导，只知道残暴地贪取财物，深深地毒害了人民。也因为夏民贪婪、忿戾的风气一天天盛行，残害了夏朝的百姓。于是上天寻求可以做人民君主的人，便降下了光明美好的使命给成汤，成汤遂灭掉了夏朝。

【解读】

《多方》是周公代表成王所发布的诰令，富有极浓的神权气味。它分析了夏的灭亡，其原因第一是不敬天，第二是残害百姓。虽看似上天让夏朝亡，实为夏桀行为放肆，纵情享乐，把政治搞得黑暗，残害百姓，最终导致国家的灭亡，是咎由自取。

【选文】

其一曰："皇祖有训①，民可近，不可下②，民惟邦本③，本固邦宁。予视天下愚夫愚妇一能胜予，一人三失，怨岂在明，不见是图。予临兆民④，懔乎若朽索之驭六马⑤，为人上者，奈何不敬？"——《尚书·夏书·五子之歌》

【注释】

①皇：伟大。

②下：因轻视而疏远。

③惟：乃，是。

④临：治理，统治。

⑤懔：畏惧，害怕。六马：指六匹马驾车。

【翻译】

其中一首诗歌说："伟大的祖先曾有明训，人民可亲近而不可轻视，人民是国家的根本，根本牢固，国家就安宁。我看天下人民，无知的男人和妇人都胜我一筹。一个人多次犯错误，结下的怨恨怎会在明处，难道要在人民的怨恨明显地表现出来时才察觉？应当在它还未明显显现出来时就想办法补救。我治理众民，恐惧得像用腐朽的绳索驾着六匹马拉的车那样，做君主的人怎么能不敬重不敬畏？"

【解读】

相传五子是夏启的五个儿子，太康的兄弟，具体名字不明。太康抛弃夏禹的优良传统，贪图安逸。太康在洛水南面打猎时，其五个兄弟等待着太康，每人做了一首追述大禹教戒、批判太康的诗歌，这组诗歌名叫《五子之歌》。《五子之歌》是对中国最早的帝王亡国的叹息，体现了中国最早、最原始的政治思想，人民是国家的根本，根本牢固，国家就安宁。选段为其中的第一首，其重点在于"民惟邦本，本固邦宁"。强调了"民"为国之本，治理百姓，要谨慎，要关注民心。

【选文】

天佑下民①，作之君②，作之师，惟其克相上帝③，宠绥四方④。有罪无罪，予曷敢有越厥志⑤？同力，度德；同德，度义。受有臣亿万，惟亿万心；予有臣三千，惟一心。商罪贯盈，天命诛之。予弗顺天，厥罪惟钧⑥。予小子夙夜祗惧，受命文考，类于上帝⑦，宜于冢土，以尔有众，厎天之罚⑧。天矜于民⑨，民之所欲，天必从之。尔尚弼予一人，永清四海，时哉弗可失！ ——《尚书·周书·泰誓上》

【注释】

①佑：保佑。

②作：设立。

③惟：希望。相：辅佐，佑助。

④绥：安定。

⑤厥：其，这里指上天。

⑥钧：通"均"，同。

⑦类：古代祭礼名称，以特别重要之事敬告上天。

⑧厎（zhǐ）：获得。

⑨矜：通"怜"，怜悯。

【翻译】

上天保佑百姓，为百姓设立了国君，为百姓设立了师长，希望他们能够辅助上天，爱护和安定天下的百姓。有罪当罪和无罪当赦，我怎么敢违反上天的意志呢？力量相同有德者胜，德行相同秉义者胜。商纣有臣民亿万，是亿万条心，我有臣子三千，只是一条心。商纣恶贯满盈，上天命令我讨伐他；我如果不顺从上天，我的罪恶就会跟商纣相等。我日夜敬慎忧惧。在文考庙接受了伐商的命令，我又祭告上天，祭祀土地神，于是率领你们众位，对商纣进行上天的惩罚。上天怜悯百姓，对于百姓的愿望，上天一定会依从的。希望你们能够辅佐我，我会让四海之内永远安宁，天时啊，不可失去呀！

【解读】

公元前1048年武王伐纣，在盟津大会诸侯。武王向广大诸侯誓师，所以叫作《泰誓》。本选文说明虽然武王强调天命的不可违抗性，但是同时他有"民"是君、师的上位概念，他认为"民"是君、师的根本，君与师的设立也是为了爱护和安定百姓。

"天佑下民，作之君，作之师，惟其克相上帝，宠绥四方"，君、师都是用来辅佐天来治民的。在天和君、师面前，民始终是从属的。因此，"敬德保民"的政治伦理，虽然不是民本思想，但其中已经含有民本的萌芽，即民是治之本，民心向背是治得好与坏、得天命与否的标志；治民是君、师秉承于上天的任务的主要内容，只有通过好好地治民，才能取悦于上天，保持上天对自己的垂青。

武王指出"天矜于民，民之所欲，天必从之"，试图将上天与民心相连，因为天会保佑民众，所以当民众受到君主的压迫时，天就会剥夺君主的统治，将其天命夺去。

二、《论语》中的"民本"

《论语》由孔子的弟子及再传弟子编写而成，主要记录孔子及其弟子的言行，较为集中地反映了孔子的思想，是儒家学派的经典著作之一。以语录体为主，叙事体为辅，集中体现了孔子的政治主张、道德观念及教育原则等。

【孔子简介】

孔子（前551—前479），名丘，字仲尼，鲁国陬邑（今山东曲阜）人，儒家学派创始人，中国古代最著名的思想家、政治家、教育家。他幼年丧父，从小过着艰难困苦的生活，但他勤奋好学，志向远大，三十多岁时就成为当时最渊博的学者和伟大的思想家。他开办私学，一生从事传道、授业、解惑，先后收弟子三千多人，其中杰出的有七十二人。他为了推行自己的社会政治理想，带着弟子风尘仆仆，周游列国，被人们誉为"天纵之圣""天之木铎"。孔子晚年回到鲁国，继续办学，就是修《诗》《书》、定《礼》《乐》、序《易》、作《春秋》。孔子的思想及其学说对后世产生了极其深远的影响。

【选文】

子贡曰："如有博施于民而能济众①，何如？可谓仁乎？"子曰："何事于仁？必也圣乎！尧舜其犹病诸②。夫仁者③，己欲立而立人，己欲达而达人。能近取譬④，可谓仁之方也已。"——《论语·雍也》

【注释】

①施：施教。济众：指惠济众人。

②病：缺点，不足。

③夫：句首发语词。

④能近取譬：能够就自身打比方，即推己及人的意思。

【翻译】

子贡说："假若一个人博学施教于民众，而惠济大众，怎么样？可以算是仁人了吗？"孔子说："岂止是仁人，简直是圣人了！就连尧、舜仍有许多不足呢。至于仁爱之人，自己想立身于世就要让别人也立身于世，自己想要事事通达就该让他人也事事通达。凡事能就近以自己作比，而推己及人，可以说就是实行仁的方法了。"

【解读】

选文中孔子与子贡讨论的是仁与圣的区别，仁者益人，圣者济众。"己欲立而立人，己欲达而达人"与"己所不欲勿施于人"一并都是儒家推崇的黄金法则，体现了儒家的"忠恕"思想。它是儒家道德修养中用于处理人际关系的重要原则，简而言之"推己及人"，这也就是孔子所说的实行"仁"的方法。

【选文】

哀公问于有若曰①："年饥，用不足②，如之何？"有若对曰："盍彻乎③？"曰："二④，吾犹不足，如之何其彻也？"对曰："百姓足，君孰与不足？百姓不足，君孰与足？"——《论语·颜渊》

【注释】

①有若：孔子的弟子。

②用：国家的财用。

③盍彻乎：为什么不用抽十分之一的税率呢？盍，何不。彻，西周奴隶制国家的一种田税制度。

④二：指抽取十分之二的税。

【翻译】

鲁哀公问有若说："遭了饥荒，国家的开支亏空，怎么办？"有若回答说："为什么不实行彻法，只抽十分之一的田税呢？"哀公说：我现在抽十分之二，都还不够，怎么能实行彻法只抽十分之一的田税呢？"有若说："百姓富足了，您怎么能不富足呢？百姓不富足，您岂能会富足呢？"

【解读】

选文中记述了有若和鲁哀公的对话，通过有若对鲁哀公提问的回答，阐述了要想国家富足，首先让百姓富足，即民不富则国不富，欲国富先富民的道理。

三、《左传》中的"民本"

《左传》，原名《左氏春秋》，汉朝时又名《春秋左氏传》《春秋内传》，汉朝以后才多称《左传》。与《公羊传》《谷梁传》合称"春秋三传"。是中国第一部叙事详细的编年体史书，共35卷，是为《春秋》做注解的一部史书，也是儒家经典之一。是"十三经"中篇幅最长的。相传作者是春秋末期鲁国的左丘明。

【作者简介】

左丘明（前556—前451），姓丘，名明。春秋末期鲁国都君庄（今山东省肥城市石横镇东衡鱼村）人，是中国古代著名的史学家、文学家、思想家、军事家。左丘明著有中国重要的史书巨著《左传》和《国语》，两部史书记录了西周、春秋的很多重要史事，是具有很高价值的原始资料。他被誉为"文宗史圣""经臣史祖"。孔子、司马迁均尊左丘明为"君子"。

【选文】

少师归，请追楚师，随侯将许之。季梁止之曰："天方授楚①，楚之羸，其诱我也，君何急焉？臣闻小之能敌大也②，小道大淫。所谓道，忠于民而信于神也。上思利民，忠也；祝史正辞③，信也。今民馁而君逞欲④，祝史矫举以祭⑤，臣不知其可也。"公曰："吾牲牷肥腯⑥，粢盛丰备⑦，何则不信？"对曰："夫民，神之主也。是以圣王先成民⑧，而后致力于神。故奉牲以告曰'博硕肥腯'⑨，谓民力之普存也⑩，谓其畜之硕大蕃滋也⑪，谓其不疾瘯蠡也⑫，谓其备腯咸有也。"——《左传·桓公六年》

【注释】

①授：赋予好运，照顾。

②小：指小国。

③祝史正辞：祝史官不虚报，讲实话。祝史，古代司祭祀的官。正，这里引申为如实不欺。

④馁：饥饿。逞欲：满足欲望。

⑤矫举：说谎，这里指诈称功德以欺骗鬼神。

⑥牲牷肥腯：指古代祭祀时祭品繁多。牲，古代特指供宴飨祭祀用的牛、羊、猪。牷，毛色纯一的牲畜。腯，肥壮。

⑦粢盛：指盛在祭器里供神用的粮食。粢，粮食。

⑧成民：指养民而使之有成就。成，成全。

⑨博硕：宽大硕大，这里指牲畜肥壮。

⑩民力：民众的人力、物力、财力。

⑪蕃滋：繁殖增益。

⑫瘯蠡：一种家畜疾病，指六畜疥癣之疾。蠡，通"瘰"。

【翻译】

少师回去后，请求追击楚军。随侯准备听从他的请求。季梁劝阻说："上天正在保佑楚国，楚国军队显得疲沓的样子，是在引诱我们，君王何必急于出兵呢？臣听说小国之所以能够抵抗大国，是由于小国有道，而大国君主沉溺于私欲。所谓道，就是忠于百姓而取信于神明。国君想着对百姓有利，这是忠；祝史祝祷时真实不欺，这是信。现在百姓饥饿而国君放纵个人享乐，祝史谎称功德来祭祀，我不知这怎样行得通。"随侯说："我祭祀用的牲畜毛色纯正而且健壮，盛在祭器中的粮食也丰盛齐全，为什么不能取信于神明？"季梁回答说："百姓，是神明的主宰。因此圣明的君主先让百姓安居乐业，而后才致力于祭祀神明，所以在奉献牛、羊、猪的时候祝告说：'牲口又大又肥。'这是说百姓的财力普遍富足，是说百姓的牲畜肥大而繁殖众多，是说百姓的牲畜没有得病也不瘦弱，是说百姓的牲畜肥壮和种类兼备。"

【解读】

鲁桓公六年（前706年），楚国掩藏精兵部队，随国少师上当，劝说随侯出兵，被季梁阻止，他精准地分析了眼前的局势，并指出小国对抗大国的唯一可能就是"小道大淫"，季梁认为"道"即"忠于民而信于神"，就是专心为民谋福利，祭祀时对神明说实话。他又说百姓是神明的主宰，"信于民"归根究底还是要对百姓好，只有安民之国才能长存。后来随侯听了季梁的意见，修德安民，"楚不敢伐"。

"君权神授"说虽然面临着极严峻的考验，但仍是统治者治理国家的法宝。"神"其实早已成为统治者威慑民众从而巩固统治的工具了。据此，季梁直将"民"当作"神之主"，在当时的思想观念里是独树一帜。这并非否认"神"的地位，而是打破了"神""君""民"三者传统的权利关系，直接将"民"提拔到最高地位了。这在传统观念里可以说是具有革命意义的。既然"民"是"神之主"了，比"神"的地位更高，"君"就没有理由不"重民"了。

【选文】

晋侯将伐虢，士蒍曰："不可，虢公骄，若骤得胜于我，必弃其民。无众而后伐之，欲御我谁与？夫礼乐慈爱，战所畜也。夫民让事乐和，爱亲哀丧而后可用也。虢弗畜也，亟战，将饥[①]。"——《左传·庄公二十七年》

【注释】

①饥：原指肚子饿，这里指民气和士气不足。

【翻译】

晋献公准备进攻虢国。士蒍说："不行。虢公骄傲，如果突然和我国交战而得胜，就必定会丢弃他的百姓。他失去群众然后再去进攻，即使要抗拒，有谁会跟他呢？礼、乐、慈、爱，这是作战所应当事先具备的。百姓谦让、和谐，对亲属爱护，对丧事哀痛，这才可以使用。现在虢国不具备这些，屡次对外作战，百姓会气馁的。"

【解读】

选文涉及两个重要问题：第一，如何利用民众心理；第二，如何动员本国民众在思想上做好战斗的准备。虽然没有直接指出以"民"为本，但是说明了强国的根本是蓄养民力，君主通过教化而使民众慈爱谦和，敬上爱亲，眷恋故土，这样才能共赴国难。如若不注意蓄养民力、惠泽百姓，屡次发动战争，以邻为壑，必将陷入困境。所以，"民"是国之本，是战争取得胜利的关键。

【选文】

神居莘六月①。虢公使祝应、宗区、史嚚享焉②。神赐之土田。史嚚曰："虢其亡乎！吾闻之，国将兴，听于民；将亡，听于神。神，聪明正直而壹者也③，依人而行④。虢多凉德⑤，其何土之能得！"——《左传·庄公三十二年》

【注释】

①六月：指六个月。

②祝：太祝，掌管祈祷之事。宗：宗人，掌管祭祀之礼。史：太史，起草文书、记载史事。应、区、嚚各为其名。

③壹：指神一心一意依凭于人。

④依人而行：根据人的情况而决定是否赐福。

⑤凉德：德行浅薄，可引申为虐民之政。

【翻译】

神明在莘地住了六个月。虢公派遣祝应、宗区、史嚚去设享礼祭祀。神明答应赐给他疆土田地。史嚚说："虢国恐怕要灭亡了吧！我听说，国家将要兴旺，听从百姓的意愿；将要灭亡，才听神明的。神明，是聪明正直而一心一意的，按照不同的人而赐福降祸。虢国多的是缺德坏事，怎能得到土地呢？"

【解读】

通过这段文字记载，我们可以发现春秋时的"有神论"的一些内容，比如神明可知国家兴旺、民比神重要、神明根据人的情况而决定是否赐福、神明聪明正直且一心一意，等等。庄公三十二年（前662年），陷入困境的虢公派人去祭拜神明，神明答应给他土地。但是史嚚说道："国将兴，听于民；将亡，听于神。"这也许是总结历史经验得来的客观叙述。但在这里，"民"几乎取代了"神"的位置，成为另一种性质的"神"了。"民"完全决定着国家的兴亡了。而"神"似乎成了"误国"的罪魁祸首。事实上，这种"民本"思想一直到当代还是"颠扑不破"的，所谓"得民心者得天下"是也。

四、《谷梁传》中的"民本"

《谷梁传》是《谷梁春秋》《春秋谷梁传》的简称，是为《春秋》作注解所著，为儒家经典之一、"春秋三传"之一。《谷梁传》所记载的时间起于鲁隐公元年，终于鲁哀公十四年，体裁与《公羊传》相似。其作者相传是子夏的弟子，战国时鲁人谷梁俶（俶或作喜、嘉、赤、寘）。起初也为口头传授，至西汉时才成书。晋人范宁撰《春秋谷梁传集解》，唐朝杨士勋作《春秋谷梁传疏》，清朝钟文烝所撰《谷梁补注》为清代学者注解《谷梁传》的较好注本。

《谷梁传》以语录体和对话文体为主，用这种方式来注解《春秋》，它是研究儒家思想从战国时期到汉朝演变的重要文献。

【作者简介】

《谷梁传》在战国时一直是口耳相传的。据唐朝人的说法，最初传授《谷梁传》的，是一个名叫谷梁俶的人，他一名赤，字元始，说是曾受经于孔子的弟子子夏。但据后人考证，《春秋谷梁传》中曾引"谷梁子曰"，竟然自己称引自己；又引"尸子曰"，尸子是战国中期一位思想家，可见唐人说法不一定可靠。书中还有引用公羊子的话并加以辩驳的情况，因此有人认为它成书要较《公羊传》为晚。

【选文】

宋人以齐人、蔡人、卫人、陈人伐郑①。以者，不以者也。民者，君之本也。使人以其死②，非正也。——《谷梁传·桓公十四年》

【注释】

①以：率领。

②使：派，差遣。

【翻译】

宋国率领齐国、蔡国、卫国、陈国的军队攻打郑国。率领的人，是不该去率领的。民是君的根本，领人打仗让人去死是不合乎正道的。

【解读】

从重民的思想出发，明确指出，"民者，君之本也"，认为那些昏君暴主败亡出奔，"民如释重负"，这是《谷梁传》重要思想之一。《谷梁传》强调礼乐教化，尊王而不限王，力主仁德之治。

五、《老子》中的"民本"

《老子》，又称《道德经》或《道德真经》，共81章，五千言。是老子在出函谷关前所著。全书分上下两篇，前37章是《道经》，后44章为《德经》，书中含有大量朴素的辩证法观点，主张无为而治；书中也有大量的民本思想。

【作者简介】

老子（约前571—前471），姓李名耳，字聃，一字或曰谥伯阳。楚国苦县厉乡曲仁里人。是我国古代著名的哲学家和思想家、道家学派创始人，被唐朝帝王追认为李姓始祖。老子乃世界文化名人，世界百位历史名人之一。在道教中，老子被尊为道教始祖。老子与后世的庄子并称老庄。

【选文】

圣人无常心①，以百姓心为心。——《老子·第四十九章》

【注释】

①心：此作意志之义。

【翻译】

圣人没有固定不变的意志，而是以百姓的意愿和要求作为治理国家的准绳。

【解读】

在政治实践中，道家要求君主要爱民、利民，不与民争，体察民情，顺乎民心，维护民众的自然本性，在"无为"中"有为"。与儒家不同，道家对民本思想进行了哲理化的加工和论证。老子提出"贵以贱为本，高以下为基"，认为至高的君主只能以卑贱的民的存在而存在。

【选文】

以正治国①，以奇用兵②，以无事取天下③。吾何以知其然哉？

以此④：天下多忌讳⑤，而民弥贫；人多利器⑥，国家滋昏；人多伎巧⑦，奇物滋起⑧；法令滋彰，盗贼多有。故圣人云："我无为，而民自化⑨；我好静，而民自正；我无事，而民自富；我无欲，而民自朴。"——《老子·第五十七章》

【注释】

①正：此处指无为、清静之道。

②奇：奇巧、诡秘。

③取天下：治理天下。

④以此：即以下面这段话为根据。此，指下面一段文字。

⑤忌讳：禁忌、避讳。

⑥人：一本作"民"，一本作"朝"。利器：锐利的武器。

⑦人多伎巧：此句意为人们的技巧很多。伎巧，指技巧，智巧。

⑧奇物：邪事、奇事。

⑨"我无为"二句：我无为而人民就自然顺化了。自化，自我化育。

【翻译】

以无为、清静之道去治理国家，以奇巧、诡秘的办法去用兵，以不扰人民而治理天下。我怎么知道是这种情形呢？根据就在于此：天下的禁忌越多，而老百姓就越陷于贫穷；人民的锐利武器越多，国家就越陷于混乱；人们的技巧越多，邪风怪事就越闹得厉害；法令越是森严，盗贼反而不断地增加。所以圣人说："我无为，人民就自我化育；我好静，人民会自然端正；我无事，人民就自然富足；我无欲，而人民就自然淳朴。"

【解读】

在道家看来，人们所言的治理国家，并非是治理，而是破坏。干预国家自然的状态，要想从外部去控制、统治国家，只能是为者败之，执者失之。要想真正实现对国家的有效治理，唯一的办法就是顺其自然地保护国家的每一个人，不对他发号施令，统治者要置身于民众之中，倾听道的精神，昭示、实现道的暗示，只有这样才能真正实现对天下的治理。

六、《墨子》中的"民本"

《墨子》是战国百家中墨家的经典。提倡兼爱、非攻、尚贤、尚同、天志、明鬼、非命、非乐、节葬、节用，涉及哲学、逻辑学、军事学、工程学、力学、几何学、光学，先秦的科学技术成就大都依赖《墨子》以传。现存《墨子》一书，由墨子自著和弟子记述墨子言论两部分组成，宋朝多散佚。至清代编《四库全书》时，仅存53篇。

【作者简介】

墨子（约前468—前376），墨姓，名翟，战国初年学者、思想家，墨家学派创始人。墨子作为中国战国时期著名思想家、政治家、军事家、社会活动家和自然科学家，创立墨家学说，并有《墨子》一书传世。他主张"兼爱""非攻"，提出"尚贤""尚同"的政治思想，主张从天子、诸侯国君到各级正长，都要"选天下之贤可者"来充当；而人民则要服从君上，做到"一同天下之义"，天下人都要相亲相爱，反对以强凌弱的战争。作为先秦墨家的创始人，墨子在中国哲学史上产生过重大影响。墨子在上说下教中，言行颇多，但无亲笔著作。

【选文】

子墨子言曰："其事上尊天，中事鬼神，下爱人，故天意曰①：'此之我所爱，兼而爱之；我所利，兼而利之。爱人者此为博焉，利人者此为厚焉。'"——《墨子·天志上》

【注释】

①天意：即天志。

【翻译】

墨子说："他们所做的事，上尊重天，中敬奉鬼神，下爱人民。所以天意说：'这就是对我所爱的，他们兼而爱之；对我所利的，他们兼而利之。爱人的事，这最为广泛；利人的事，这最为厚重。'"

【解读】

墨子认为，天是有意志的。天喜欢义，憎恶不义；希望人们相互帮助、相互教导，反对人们相互攻击、相互敌视。可见，所谓天志实是墨子之志。它是墨子用以和当时统治者进行斗争的一种武器。由于平民阶层处于无权地位，墨子在此情况下提出了"天志""鬼神"等超人间力量，希望通过这些超人间力量的权威对统治者的行为进行限制，使其能够关注下层民众在社会中的作用。"天志"是一个有绝对影响力、君临天下的精神实体，人如果"爱人利人、顺天之意",就可以得到"天"的嘉奖;如果"憎人贼人、反天之意",则上天也是要进行处罚的。

七、《孟子》中的"民本"

《孟子》是儒家经典"四书"之一,是孟子的言论汇编,由孟子及其弟子万章、公孙丑等编。全书现存7篇14卷。《孟子》记录了孟子与其他各家思想的争辩、对弟子的言传身教、游说诸侯等内容,展示了孟子施行仁政、民贵君轻等政治思想。

【作者简介】

孟子(前372—前289),名轲,字子舆,战国时期鲁国人。中国古代著名思想家、教育家,战国时期儒家代表人物。孟子继承并发扬了孔子的思想,与孔子合称为"孔孟"。被后世追封为"亚圣公",尊称为"亚圣"。

【选文】

为民上而不与民同乐者,亦非也。乐民之乐者[①],民亦乐其乐;忧民之忧者,民亦忧其忧。乐以天下,忧以天下,然而不王者[②],未之有也。——《孟子·梁惠王下》

【注释】

①乐民之乐者:第一个"乐"指"以……为乐",第二个"乐"是"快乐"。

②王：名词活用作动词，指称王成为国君。

【翻译】

作为国君如果不能和自己的百姓一起快乐，这样是不对的。如果国君以百姓的快乐为自己的快乐，百姓也会以国君的快乐为自己的快乐；如果国君以百姓的忧愁为自己的忧愁，百姓也会以国君的忧愁为自己的忧愁。以天下人的快乐为快乐，以天下人的忧愁为忧愁，这样还不能称王天下，是从未有过的。

【解读】

选文选自《孟子·梁惠王下》第四章，文中采用了对偶句式，是为了说明国君与百姓之间的关系，国君只要与百姓同乐同忧，百姓就会与国君同乐同忧，进而又指出"然而不王者，未之有也"。明确指出了国君与百姓同忧同乐是称王天下的前提。王道者，顺乎民心，使民有道。

【选文】

孟子曰："尊贤使能，俊杰在位①，则天下之士皆悦，而愿立于其朝矣。市，廛而不征，法而不廛②，则天下之商皆悦，而愿藏于其市矣。关，讥而不征③，则天下之旅皆悦，而愿出于其路矣。耕者，助而不税④，则天下之农皆悦，而愿耕于其野矣。廛，无夫里之布⑤，则天下之民皆悦，而愿为之氓矣。信能行此五者，则邻国之民，仰之若父母矣。率其子弟，攻其父母，自生民以来，未有能济者也⑥。如此，则无敌于天下。无敌于天下者，天吏也⑦。然而不王者，未之有也。"——《孟子·公孙丑上》

【注释】

①俊杰：才能出众的人。

②"廛而不征"二句：第一个"廛"指市场上存货的民居、栈房；第二个"廛"指货物滞销。

③讥：检查、查问。

④助：相传为殷代的一种劳役租赋制度。

⑤布：钱、货币。

⑥济：成功。

⑦天吏：奉了上天使命的人，指顺应社会发展趋势和民心的人。

【翻译】

孟子说："尊重贤人，重用能人，让才能出众的人成为有官位的人，那么天下的士人都会高兴，而愿意到那个朝廷去做官。市场，能提供存放货物的场地而不征租赁税，依照规定价格收购滞销货物，不使货物积压在货场，那么天下的商人都会高兴，而愿意把货物存放在那个市场里。关卡，如果只检查而不征税，那么天下的旅客都会高兴，而愿意经过那条道路。对于种田的人，只要他们助耕公田，不征收私田的赋税，那么天下的农夫都会高兴，而愿意在那样的田野里耕种。人们居住的地方，没有劳役税和额外的地税，那么天下的人都会高兴，而愿意来做那里的百姓。真能做到这五个方面，那么邻国的百姓就会像敬仰父母一样敬仰国君。如果邻国想要来攻打他，就像率领子弟去攻打他们的父母一样，自有人类以来，没有能成功的。像这样就能无敌于天下。无敌于天下的人，是奉了上天使命的人。这样还不能称王的，是从来没有过的。"

【解读】

选文中，孟子提出了治国五法，针对"士、商、旅、农、民"皆施行"仁政"，即尊贤使能、廛而不征、讥而不征、助而不税、无夫里之布。他先从"士、商、旅、农、民"这五个方面分别阐述施行"仁政"措施后产生的效果，最后又总体上进行概括，指出：若君主能施行仁政，各国百姓皆愿视之如父母，然后归顺之，使之无敌。所以，孟子采用了先分后总的方法进行阐释说明。通过对这五个方面的阐述我们也可以感受到孟子注重贤能、减轻赋税的主张。

【选文】

孟子曰："桀纣之失天下也，失其民也；失其民者，失其心也。得天下有道：得其民，斯得天下矣；得其民有道：得其心，斯得民矣；得其心有道：所欲与之聚之，所恶勿施，尔也①。民之归仁也，犹水之就下、兽之走圹也②。——《孟子·离娄上（九章）》

【注释】

①尔也：如此罢了。

②圹（kuàng）：同"旷"，指旷野。

【翻译】

孟子说："夏桀、商纣之所以失去天下，是因为失去了百姓；他们之所以失去百姓，是因为失去了民心。取得天下是有一定的方法：得到百姓的拥戴，就得到了天下；得到百姓也是有一定的方法：得到百姓的心，就得到了百姓；得到百姓的心也是有一定的方法：百姓想要的就替他们聚集起来给他们，百姓厌恶的就不要强加给他们。不过如此罢了。百姓归向仁德善良，就像水往低处流，野兽奔向旷野一样。

【解读】

选文通过桀纣失天下的历史教训，阐明了民心的得失是天下得失的根本，肯定了人民在社会政治生活中的重要作用。而后从正面阐述了"得天下"的方法是"得其民"，"得其民"的方法是"得其心"，"得其心"的方法是"所欲与之""所恶勿施"，层层递进。孟子谈到"民之归仁"，表达他对人性的基本看法，即人是"向善"的，他在强调"向善"这种动态趋势时，采用"水之就下、兽之走圹"这种动态比喻，使表达更加生动、鲜明。他明确强调"仁政"，提出了民本思想。

【选文】

孟子曰："求也为季氏宰①，无能改于其德，而赋粟倍他日。孔子曰：'求非我徒也，小子鸣鼓而攻之可也。'由此观之，君不行仁政而富之，皆弃于孔子者也。况于为之强战？争地以战，杀人盈野；争城以战，杀人盈城。此所谓率土地而食人肉，罪不容于死。故善战者服上刑②，连诸侯者次之，辟草莱、任土地者次之③。"——《孟子·离娄上第十四章》

【注释】

①求：冉求，孔子的学生。季氏：即季孙氏，鲁国大夫，此时把持鲁国的国政，代鲁国国君主持祭祀。宰：这里是对古代官吏的通称。

②上刑：重刑。

③辟：这里指开辟、开拓。

【翻译】

孟子说："冉求做了季氏的管家，没有能改变季氏执政的作风，反而使他征收的田赋比过去倍增。孔子说：'冉求不是我的弟子了，学生们可以去击鼓而批评他。'由此看来，不帮助国君施行爱民政策，却去帮助他敛财致富的人，都是孔子所厌弃的。更何况是替他卖力打仗的人呢？为争夺土地而战，杀死的人遍野；为掠夺城镇而战，杀死的人满城。这就是所谓为了土地而吃人肉，死有余辜。所以，善于征伐的人应该受到最重的刑罚，联结诸侯、挑起战争的人次之，开辟荒野、增加收成来备战的人又次之。"

【解读】

强调用"仁政"统一天下的孟子，激烈地抨击了法家的耕战政策。选文先通过列举冉求帮助季氏聚敛财物的事例，而后以极大的义愤，怀着对劳动人民的深深同情，抨击了法家鼓吹的给百姓造成灾难的战事。孟子所推崇的"仁政"，强调发展生产，使百姓富足、安居乐业。在战事上，他主张用全天下顺从的人攻打众叛亲离的人。孟子认为仁慈的国君如果实行战争，必然取得胜利，所以，孟子反对非正义战争。

【选文】

孟子曰："民为贵，社稷次之①，君为轻。是故得乎丘民而为天子②，得乎天子为诸侯，得乎诸侯为大夫。诸侯危社稷，则变置。牺牲既成③，粢盛既洁④，祭祀以时，然而旱干水溢，则变置社

稷。"——《孟子·尽心下》

【注释】

①社稷：古代帝王或诸侯建国时，都要立坛祭祀"社""稷"，所以，"社稷"是国家的代称。社，土神。稷，谷神。

②丘民：丘甸之民，泛指民众。

③牺牲：古代供祭祀用的色纯体全的牲畜，色纯为"牺"，体全为"牲"，一般指供祭祀用的牛、羊、猪等祭品。

④粢盛既洁：指盛在祭器内的粮食很洁净。粢，粮食。

【翻译】

孟子说："百姓最为重要，国家其次，国君为轻。所以，得到百姓支持的成为天子，得到天子应允的成为诸侯，得到诸侯信任的就可以成为大夫。诸侯危害到国家，就更换诸侯。如果祭祀用的牛、羊已丰盛，祭祀用的粮食已很洁净，祭祀祖先已按时举行，却仍然遭受旱灾水灾，就重立国家（土谷神位）。"

【解读】

这一段是孟子民本思想最明确的体现，"民贵君轻"成为后世广泛流传的名言，一直为人们所引用。此处的"民"是一个集合概念，"民"作为一个集合的整体是重要的，重于国家、国君的。孟子在中国古代思想史上第一次明确提出了"民贵君轻"的主张，认为民心向背关系到国家的兴衰和存亡，应把人民放在首位。国君轻于民，这是因为获得民心才能成为天子，获得天子的信任才可以成为诸侯，得到诸侯的信任才可以成为大夫。所以，民是国家的根本。

八、《荀子》中的"民本"

《荀子》是战国后期儒家学派最重要的著作，为战国后期赵国人荀子所著，全书现存32篇，是荀子和弟子们整理或记录他人言行的文字，《荀子》因其批判地总结和吸收了各家思想而具有综合性的特点，其人性论、天人论、社会道德观、政治观、教育观等都在儒家学派中独树一帜、别具特色。

【作者简介】

荀子（约前313—前238），名况，字卿，战国末期赵国人。著名思想家、文学家、政治家，时人尊称荀卿。西汉时因避汉宣帝刘询讳，因"荀"与"孙"二字古音相通，故又称孙卿。曾三次出任齐国稷下学宫祭酒，后为楚兰陵（今山东兰陵）令。

【选文】

马骇舆，则君子不安舆；庶人骇政，则君子不安位。马骇舆，则莫若静之；庶人骇政，则莫若惠之。选贤良，举笃敬，兴孝弟①，收孤寡，补贫穷。如是，则庶人安政矣。庶人安政，然后君子安位。传曰："君者，舟也；庶人者，水也；水则载舟，水则覆舟。"此之谓也。故君人者，欲安，则莫若平政爱民矣；欲荣，则莫若隆礼敬士矣；欲立功名，则莫若尚贤使能矣。是君人之大节也②。——《荀子·王制》

【注释】

①弟：同"悌"。

②大节：关系存亡安危的大事，指重要、关键的事。

【翻译】

马在拉车时受惊了而狂奔，那么君主就不能稳坐车中；老百姓在政治上受惊了而乱干，那么君主就不能稳坐江山。马在拉车时受惊了，那就没有比使它安静下来更好的了；老百姓在政治上受惊了，那就没有比给他们恩惠更好的了。选用有德才的人，提拔忠厚恭谨的人，提倡孝顺父母、敬爱兄长，收养孤儿寡妇，补助贫穷的人，如果这样，那么老百姓就安于政治了。老百姓安于政治，然后君主才能安居上位。古书上说："君主，好比是船；百姓，好比是水。水能载船，使船安稳地航行；水也能翻船，使船沉没。"说的就是这个道理。所以统治人民的君主，要想安定，就没有比调整好政策、爱护人民更好的了；要想荣耀，就没有比尊崇礼义、敬重文人更好的了；要想建立功业和名望，就没有比推崇品德高尚的人、使用有才能的人更好的了。这些是当君主的关键准则。

【解读】

在荀子看来，统治者没有人民的拥护和支持将一事无成。而要获得百姓的支持和拥护，就必须富民富国。他在继承前人尤其是孔孟民本思想的基础上，发扬了著名的"君舟民水论"，对民在国家中的重要作用有了更加深刻的认识。

【选文】

用国者，得百姓之力者富，得百姓之死者强，得百姓之誉者荣。三得者具而天下归之，三得者亡而天下去之；天下归之之谓王，天下去之之谓亡。汤武者，循其道，行其义，兴天下同利，除天下同害，天下归之。故厚德音以先之，明礼义以道之，致忠信以爱之，赏贤使能以次之①，爵服赏庆以申重之，时其事，轻其任，以调齐之，潢然兼覆之，养长之，如保赤子。生民则致宽，使民则綦理，辩政令制度②，所以接天下之人百姓，有非理者如豪末，则虽孤独鳏寡，必不加焉。是故百姓贵之如帝，亲之如父母，为之出死断亡而不愉者③，无它故焉，道德诚明，利泽诚厚也。——《荀子·王霸》

【注释】

①赏：赏识。

②辩：通"办"，置办，搞。

③不愉：是不苟且偷生的意思。愉，一说通"偷"。

【翻译】

君主治理国家，能得到百姓尽力效劳的，国家就富有；能得到百姓为他效死力的，国家就强盛；能得到百姓称颂的，就荣耀。具备了以上三个条件，天下人就会归顺他；失去了这三个条件，天下人就会背离他。天下都归顺他，他就是王者，天下人都背离他，他就会亡国。商王汤、周武王都遵循这个原则，奉行这个道理，兴办天下人都认为有利的事，除掉天下人共同的祸害，天下人都归顺了他们。所以，君主重视用道德声望引导天下人，彰明礼义法度教导天下人，竭尽忠信爱护天下人，赏识贤人、重用能人，给他们安排不同等级的职位，加官晋爵来重用他们，依靠天时，减轻负担来调剂他们，量力而任用他们，从而使他们协调一致抚养百姓，如同养育婴儿一样。养育百姓特别宽厚，使用百姓极其合理，制定法令制度，是用来对待下层百姓的，所有不合理的东西，即便是孤独鳏寡的人，也务必不要施加在他们身上。所以百姓尊重他们如同尊敬上天，亲近他们如同对待自己的父母，为他们献出生命也心甘情愿，这没有其他原因，是由于君主的道德确实贤明，恩惠确实深厚的缘故啊。

【解读】

选文讲如何"用国"，亦即怎样凭借国家政权的力量去对待民众。本篇论述了要称王天下所必须实行的一系列政治措施，如守要领，立礼法，讲道义，明名分，用能人，取民心等。荀子认为，要统一天下就要奉行王者之道。在政治制度方面，他主张施行仁义、遵从礼法、法后王等，尤其在君主治国方面，荀子认为百姓对国家的兴亡作用甚大，因而君主要竭力关心百姓。

【选文】

君者，民之原也①，原清则流清，原浊则流浊。故有社稷者而不能爱民、不能利民，而求民之亲爱己，不可得也。民不亲不爱，而求其为己用，为己死，不可得也。民不为己用，不为己死，而求兵之劲，城之固，不可得也。兵不劲，城不固，而求敌之不至，不可得也。敌至而求无危削，不灭亡，不可得也。危削灭亡之情举积此矣，而求安乐，是狂生者也。狂生者，不胥时而落②。故人主欲强固安乐，则莫若反之民；欲附下一民，则莫若反之政；欲修政美国，则莫若求其人。彼或蓄积而得之者不世绝，彼其人者，生乎今之世而志乎古之道。以天下之王公莫好之也，然而于是独好之；以天下之民莫欲为之也，然而于是独为之；好之者贫，为之者穷，然而于是独犹将为之也，不为少顷辍焉。晓然独明于先王之所以得之、所以失之，知国之安危臧否若别白黑。是其人者也，大用之则天下为一，诸侯为臣；小用之则威行邻敌；纵不能用，使无去其疆域，则国终身无故。故君人者，爱民而安，好士而荣，两者无一焉而亡。《诗》曰："介人维藩③，大师为垣④。"此之谓也。——《荀子·君道》

【注释】

①原：指源头。

②不胥时：不待时。胥，通"须"，等待。

③藩：围墙。

④垣：屏障。

【翻译】

君主，就像人民的源头；源头清澈，那么下边的流水也清澈；源头混浊，那么下边的流水也混浊。所以掌握了国家政权的人如果不能够爱护人民、不能够使人民得利，而要求人民亲近爱戴自己，那是不可能办到的。人民不亲近、不爱戴自己，而要求人民为自己所用、为自己牺牲，那也是不可能办到的。人民不为自己所用、不为自己牺牲，而要求兵力强大、城防坚固，那是不可能办到的。兵力不强大、城防不坚固，而要求敌人不来侵犯，那是不可能办到的。敌人来了而要求自己的国家不危险、不削弱、不灭亡，那是不可能办到的。国家危险削弱以致灭亡的情况全都积聚在他这里了，却还想求得安逸快乐，这是狂妄无知的人。狂妄无知的人，不要等多久就会衰败死亡的。所以君主想要强大稳固安逸快乐，那就没有什么比得上回到人民中依靠人民；想要使臣下归附、使人民与自己一条心，那就没有什么比得上回到政事上来；想要治理好国家，使风俗淳美，那就没有什么比得上寻觅善于治国的人。那些善于治国的人或许有所积储，因而得到这种人的君主世世代代没断绝过。那些善于治国的人，生在今天的时代而向往着古代的政治原则。虽然天下的君主没有谁爱好古代的政治原则，但是这种人偏偏爱好它；虽然天下的民众没有谁想要古代的政治原则，但是这种人偏偏遵行它。爱好古代政治原则的会贫穷，遵行古代政治原则的会困厄，但是这种人还是要遵行它，并不因此而停止片刻。唯独这种人明了古代帝王取得国家政权的原因、失去国家政权的原因，他对国家的安危、政权的好坏就像分辨黑白一样清楚。这种善于治国的人，如果君主重用他，那么天下就能被统一，诸侯就会来称臣；如果君主一般地任用他，那么威势也能扩展到邻邦敌国；即使君主不能任用他，但如果能使他不离开自己的国土，那么国家在他活着的时候也不会有什么灾难事故。所以统治人民的君主，爱护人民就会安宁，喜欢士人就会荣耀，这两者一样都没有就会灭亡。《诗经》中说贤士就是那屏障，大众就是那围墙，说的就是这个道理。

【解读】

选文选自《荀子》第十二篇，集中阐述了君主治国所应遵守的原则。荀子强调君主是治国的本原，"原清则流清，原浊则流浊"。他的行为好坏决定着民心向背，而民心决定着国家的存亡。他主张君主要以身作则，以此得到百姓的爱戴。此外，荀子强调用人的重要性，主张治国选择既有智慧又有仁德的人，这样，君主就能自己安逸还能把国家治理好，从而能称王称霸。

【选文】

天之生民，非为君也；天之立君，以为民也。故古者，列地建国，非以贵诸侯而已；列官职，差爵禄①，非以尊大夫而已。——《荀子·大略》

【注释】

①差：区别等级。

【翻译】

上天生育百姓，并不是为国君。上天设立国君，却是为百姓。所以，古代的人分封土地，建立国家，不仅仅是为了显示诸侯的尊贵；设置各种官职，确定爵位俸禄的等级，也不仅仅是为了尊重大夫。

【解读】

选文围绕着"以民为本"展开，"天之立君""列地建国""列官职，差爵禄"都是为了百姓，其本质是国君、诸侯、士大夫都是为百姓服务。从中表现了荀子的"重民"思想，表达了儒家的民本思想。

九、《管子》中的"民本"

　　《管子》是中国古代的学术典籍之一。是托名管仲的一部论文集。其中绝大部分思想内容属于管仲学派。内容非常丰富，涉及政治、经济、法律、军事、哲学、伦理道德等各个方面。写作年代大抵始于战国中期直至秦汉。其中有关法家的篇章，主要出于战国中后期的齐国法家。对法律和"法治"的论述综合前期法家法、术、势三派，杂糅道儒特色，自成体系，是研究先秦法律思想的重要著作。

【管子简介】

　　管仲（约前723—前645），齐国颍上（今安徽颍上）人。名夷吾，又名敬仲、字仲，谥号敬，史称管子。春秋时期齐国著名的政治家、军事家，周穆王的后代。管仲少时丧父，老母在堂，生活贫苦，不得不过早地挑起家庭重担，为维持生计，他与鲍叔牙合伙经商，后从军。几经曲折，经鲍叔牙力荐，为齐国上卿（即丞相），被称为"春秋第一相"，辅佐齐桓公成为春秋时期的第一霸主，所以又说"管夷吾举于士"。管仲的言论见于《国语·齐语》，另有《管子》一书传世。

【选文】

　　政之所兴①，在顺民心。政之所废，在逆民心。民恶忧劳②，我佚乐之③。民恶贫贱，我富贵之。民恶危坠，我存安之。民恶灭绝，我生育之。能佚乐之，则民为之忧劳。能富贵之，则民为之贫贱。能存安之，则民为之危坠。能生育之，则民为之灭绝。故刑罚不足以畏其意，杀戮不足以服其心。故刑罚繁而意不恐，则令不行矣。杀戮众而心不服，则上位危矣。故从其四欲，则远者自亲；行其四恶，则近者叛之，故知予之为取者，政之宝也。——《管子·牧民》

【注释】

①政之所兴：政令所以能推行贯彻。

②忧劳：指愁苦劳顿的生活状态。

③佚乐：同"逸乐"，指安逸喜悦的生活状态。

【翻译】

政令之所以能推行，在于顺应民心；政令之所以废弛，在于违背民心。人民怕忧劳，我便使他们安乐；人民怕贫贱，我便使他们富贵；人民怕危难，我便使他们安定；人民怕灭绝，我便使他们生育繁息。因为我能使人民安乐，他们就可以为我承受忧劳；我能使人民富贵，他们就可以为我忍受贫贱；我能使人民安定，他们就可以为我承担危难；我能使人民生育繁息，他们也就不惜为我而牺牲了。单靠刑罚不足以使人民真正害怕，仅凭杀戮不足以使人民心悦诚服。刑罚繁重而人心不惧，法令就无法推行了；杀戮多行而人心不服，为君者的地位就危险了。因此，满足人民的上述四种愿望，疏远的自会亲近；强行人民厌恶的上述四种事情，亲近的也会叛离。由此可知，"予之于民就是取之于民"这个原则，是治国的法宝。

【解读】

选文论述为政必顺民心的原则与经验，全面列举民之四欲和四恶。指出从其四欲则亲，行其四恶则叛，予之于民就是取之于民，这是为政者的根本法宝。在中国古代的政统里，天下从来不是一家一姓永久拥有的，而是"有德者居之"。判断政权是否"有德"的标准，即在于人民是否安居乐业。先秦时代，管仲已经意识到，政权要稳定长久，就必须推行顺乎民心的政策。

【选文】

夫霸王之所始也，以人为本。本理则国固，本乱则国危。故上明则下敬，政平则人安士①，教和则兵胜敌，使能则百事理，亲仁则上不危，任贤则诸侯服。——《管子·霸言》

【注释】

①士：当为"土"。

【翻译】

霸王之业的开始，也是以人民为本。本治则国家巩固，本乱则国家危亡。所以，上面英明则下面敬服，政治宽平则百姓安居本土，战士训练好则战争能取胜，使用能臣则百事皆治，亲近仁人则君主不危，任用贤相则诸侯就信服了。

【解读】

《霸言》可以视为一篇称霸称王的策略论，重视对于天下轻重强弱形势的分析和有关谋略的探讨。选文提出，霸王之业的开始，要以百姓为本。民心之向背是政治治乱的重要标志，只有做到顺应民心，想办法去满足百姓的物质和精神需求，使百姓心甘情愿地服从君主的统治，这样君主的统治才能稳定和巩固。"民惟邦本"是春秋民本思想的一项主要内容。管子明确提出了民贵君轻、以民为本的命题。

【选文】

凡治国之道，必先富民。民富则易治也，民贫则难治也。奚以知其然也？民富则安乡重家，安乡重家则敬上畏罪，敬上畏罪则易治也。民贫则危乡轻家①，危乡轻家则敢凌上犯禁，凌上犯禁则难治也。故治国常富，而乱国常贫②。是以善为国者，必先富民，然后治之。——《管子·治国》

【注释】

①危：不安心。

②常贫：一作"必贫"。

【翻译】

大凡治国的道理，一定要先使人民富裕，人民富裕就容易治理，人民贫穷就难以治理。何以知其然？人民富裕就安于乡居而爱惜家园，安乡爱家就恭敬君上而畏惧刑罚，敬上畏罪就容易治理了。人民贫穷就不安于乡居而轻视家园，不安于乡居而轻视家园就敢于对抗君上而违犯禁令，抗上犯禁就难以治理了。所以，治理得好的国家往往是富的，乱国必然是穷的。因此，善于主持国家的君主，一定要先使人民富裕起来，然后再加以治理。

【解读】

齐法家从总结历史经验中认识到：古代圣明君主成就丰功伟业，显赫于天下，不朽于后世，重要的原因就是要深得民心。而暴君所以丧失国家，湮没于天下，就在于失去民心。不可否认，齐法家讲富民，其着眼点是防止人民饥寒交迫而走上反抗道路，危害统治，而且重农是为了重战，"财不盖天下，不能正天下"。但是，齐法家的鼓励耕种，提倡富民，使"田畴垦而国邑实"，"仓廪实而囹圄空"，是"利天下之人"的德政，也是"以民为本"的举措。

十、《吕氏春秋》中的"民本"

《吕氏春秋》是在秦国相邦吕不韦主持下，集合门客编撰的一部杂家名著。成书于秦始皇统一中国前，即秦王政八年（前239年）。此书以儒家学说为主干，以道家理论为基础，以名、法、墨、农、兵、阴阳家思想学说为素材，熔诸子百家学说为一炉，闪烁着博大精深的智慧之光。吕不韦想以此作为大一统后的意识形态。但执政的秦始皇却选择了法家思想，使包括道家在内的其他学术思想全部受挫。《吕氏春秋》全书共分26卷，160篇，20余万字。

【作者简介】

吕不韦（前292—前235），姜姓，吕氏，名不韦，卫国濮阳（今河南滑县）人。战国末年著名商人、政治家、思想家，扶植秦国质子异人进入秦国政治核心。执政时对秦王嬴政兼并六国的事业有重大贡献。后因嫪毐集团叛乱事受牵连，被免除相邦职务。不久，秦王嬴政让其举家迁蜀，吕不韦饮鸩自尽。

【选文】

先王先顺民心，故功名成。夫以德得民心以立大功名者，上世多有之矣。失民心而立功名者，未之曾有也。得民必有道①，万乘之国，百户之邑，民无有不说②。取民之所说而民取矣，民之所说岂众哉？此取民之要也。——《吕氏春秋·季秋纪》

【注释】

①必：当为"心"。

②说：同"悦"，喜悦。

【翻译】

先王治理天下首先顺依民心，所以功成名就。依靠仁德博取民心而建立大功、成就美名的，之前大有人在。失去民心而建立功名的却不曾有过。获得民心是有方法的，无论是具有万辆兵车的大国，还是仅有百户的小邑，人民无不有所喜悦。只要做人民所喜悦的事，就会获得民心。人民所喜悦的事难道会很多吗？这是取得民心的关键。

【解读】

《吕氏春秋》从历史的经验中认识到，民众乃是国家的根本，而能否得民心，是能否使天下长治久安的决定因素。对此，它提出了一套以民本思想为基础，以仁政德治为核心，辅之以赏罚的治国方略。选文继承了孔、孟、荀的仁德和民本思想，亦含兵家顺民心的主张，反映了新兴地主阶级对民心的重视。

十一、《礼记》中的"民本"

《礼记》，又名《小戴礼记》，是中国古代一部重要的典章制度书籍。该书的编定者是西汉礼学家戴圣。戴圣的叔父戴德选编的85篇本叫《大戴礼记》，在后来的流传过程中有遗失，到唐代只剩下39篇。戴圣选编的49篇本叫《小戴礼记》，即我们今天见到的《礼记》。这两部书各有侧重和取舍，各有特色。东汉末年，著名学者郑玄为《小戴礼记》作了出色的注解，后来这个本子便盛行不衰，并由解说经文的著作逐渐成为经典，唐代被列为"九经"之一，宋代被列入"十三经"之中，为士者必读之书。

【作者简介】

戴圣（生卒年不详），字次君，西汉官员、学者、汉代今文经学的开创者，祖籍梁国甾县（今属河南商丘）。平生以学习儒家经典为主，尤重礼学研究，逐步形成自己的学说体系，成为今文礼学"小戴学"的开创者。

【选文】

子云："上酌民言①，则下天上施；上不酌民言，则犯也；下不天上施，则乱也。"——《礼记·坊记》

【注释】

①酌：犹取也。

【翻译】

孔子说："在上位的人如果能够听取百姓的意见，那么百姓就把上面的政令看作是上天的施惠；如果不能听取百姓的意见，就会导致百姓犯上；百姓不把上面的政令看作是上天的施惠，就会作乱。"

【解读】

在儒家看来，君主拥有整个世界，民众完全是为君主而存在，是君权存在的前提和保证，之所以要小心对待"民"，那是因为这样一种力量随时可能使君权有颠覆的危险，这种危险对君主来说是致命的，所以"平政爱民"之德就尤为重要。可见，民本和君本是对立统一的，在中国古代政治法律中，民本要为君本服务，但是君本也不得不受制于民本。

【选文】

子言之曰："后世虽有作者，虞帝弗可及也已矣。君天下，生无私，死不厚其子①，子民如父母，有憯怛之爱②，有忠利之教，亲而尊，安而敬，威而爱，富而有礼，惠而能散。"——《礼记·表记》

【注释】

①死不厚其子：死后不传位于儿子。

②惛怛：忧伤，悲痛。

【翻译】

孔子说："后世虽有明君复起，但都赶不上虞舜。他君临天下，活着时没有半点私心，死后也不把帝位传给儿子。对百姓就像父母爱护子女，既有哀其不幸的仁爱，也有为其带来利民实惠的教育，既有母亲之慈爱，又有父亲之威尊，安详而受到尊敬，严厉而受到亲爱，富有四海而彬彬有礼，施惠于民而没有偏心。"

【解读】

以孔子为代表的儒家学派对西周重民的思想进行了系统化的发展。在春秋战国"礼崩乐坏"的环境中，儒家试图拿起西周重民轻神的旗帜，将民本思想系统化、理论化，并且具体地描绘了和谐美好的理想社会。儒家早就认识到，民众是君主实现国家统治的基础，是国家存在的前提。孔子将"修己以安百姓"和"博施于民而能济众"作为儒家最高的道德追求目标。君主要替民做主，则君主个人的道德修养至关重要。在先秦儒家看来，民众从来就不可以没有君主，君主的职责就是要替民做主。这也是民为君之本应有的含义，也符合民众的天性。

十二、《新书》中的"民本"

　　《新书》，又称《贾子》，为汉代贾谊所撰。共10卷58篇，但其中两篇有目无文，所以实际有56篇。《新书》是贾谊的政论文集，为西汉后期刘向整理编辑而成，集中反映了贾谊的政治经济思想。

【作者简介】

　　贾谊（前200—前168），洛阳（今河南洛阳东）人，西汉初年著名政论家、文学家，世称贾生。贾谊少有才名，18岁时，以善文为郡人所称。文帝时任博士，迁太中大夫，受大臣周勃、灌婴排挤，谪为长沙王太傅，故后世亦称贾长沙、贾太傅。三年后被召回长安，为梁怀王太傅。梁怀王坠马而死，贾谊深自歉疚，抑郁而亡，年仅33岁。贾谊著作主要有散文和辞赋两类，散文代表作有《过秦论》《论积贮疏》《陈政事疏》等。其辞赋皆为骚体，形式趋于散体化，是汉赋发展的先声，以《吊屈原赋》《鹏鸟赋》最为著名。

【选文】

　　闻之于政也①，民无不为本也。国以为本，君以为本，吏以为本。故国以民为安危，君以民为威侮，吏以民为贵贱。此之谓民无不为本也。闻之于政也，民无不为命也②。国以为命，君以为命，吏以为命。故国以民为存亡，君以民为盲明，吏以民为贤不肖③，此之谓民无不为命也。闻之于政也，民无不为功也④。故国以为功，君以为功，吏以为功。国以民为兴坏，君以民为强弱，吏以民为能不能。此之谓民无不为功也。闻之于政也，民无不为力也。故国以为力，君以为力，吏以为力。故夫战之胜也，民欲胜也；攻之得也，民欲得也；守之存也，民欲存也。故率民而守，而民不欲存，则莫能以存矣。故率民而攻，民不欲得，则莫能以得矣。故率民而战，民不欲胜，则莫能以胜矣。故其民之为其上也，接敌而喜，进而不能止，敌人必骇⑤，战由此胜也。夫民之于其上也，接而惧，必走去，战由此败也。故夫灾与福也，非粹在天也⑥，必在士民也。呜呼！戒之戒之！夫士民之志，不可不要也⑦。呜呼！戒之戒之！——《新书·大政》

【注释】

①政：为政，施政。

②命：指生命。

③不肖：不才。

④功：功效。

⑤骇：惊。

⑥粹：通"萃"，聚集。

⑦要：考察。

【翻译】

听说治理政事，没有不把人民当作根本的。国家把人民当作根本，君王把人民当作根本，官吏把人民当作根本。所以民众的状态关系着国家的安危、君主的威侮、官吏的贵贱，这就叫作没有不把人民当作根本的。听说治理政事，没有不把人民当作生命的。国家把人民当作生命，君王把人民当作生命，官吏把人民当作生命。所以民众的状态关系着国家的存亡、君主的盲明、官吏的贤愚，这就叫作没有不把人民当作生命的。听说治理政事，没有不把人民作为功绩的。所以国家把人民作为功绩，君王把人民作为功绩，官吏把人民作为功绩。所以民众的状态关系着国家的兴衰、君主的强弱、官吏的能与不能，这就叫作没有不把人民作为功绩的。听说治理政事，没有不把人民看作力量的。所以国家把人民作为力量，君王把人民作为力量，官吏把人民作为力量，所以与敌人作战胜利了，是由于人民想要胜利；进攻敌阵攻下了，是由于人民想要攻取；守卫阵地守住了，是由于人民想要守住。率领人民守卫阵地，如果人民不想守住，那就没有人能保存阵地了；率领人民进攻敌阵，如果人民不想攻取，那就没有人能攻取了；率领人民与敌作战，如果人民不想胜利，就没有人能胜利了。所以人民为了自己的君主，与敌人一交战就欢喜，一进军就不停下，敌人一定惊恐，战争就会因此获胜。人民不为自己的君王卖力，与敌人一交战就害怕，一定会逃离队伍，战争就会因此失败。所以，灾和福并不是由天决定的，一定是由士民决定的。啊！对此要警惕啊，警惕啊！士民的意向不能不考察啊！啊！对此要警惕，警惕！

【解读】

贾谊的《大政》是以秦为借鉴，在自觉宣传"民本"思想的背景下写成的。他把重民视为"大政"，且论述得非常详细具体。不过也必须指出，其中有些主张含有理想的成分。选文比较集中地反映了贾谊的民本思想。他相当深刻地认识到人民的力量，认识到人民是封建统治的基础这个真理。"闻之于政也，民无不为本也。"没有人民，封建国家就失去了统治的现实性。人民又是封建国家、君主赖以生存的命脉，丧失了命脉，国家要灭亡，各级封建统治者都无法生存。人民不是依赖国和君而存在，而是国和君靠了人民才能生存。封建统治的业绩，依赖"民"这个主体才能实现。国家和君主的权力也是依赖人民而得到的。此外，"战之胜也"，是因为"民欲胜也"。战争的胜负不决定于统治者，而决定于人民。

【选文】

大禹曰："民无食也，则我弗能使也①，功成而不利于民，我弗能劝也。"故鬻河而道之九牧②，凿江而道之九路，洒五湖而定东海。民劳矣而弗苦者，功成而利于民也。禹尝昼不暇食，夜不暇寝矣。方是时也，忧务故也。故禹与士民同务，故不自言其信③，而信谕矣。故治天下，以信为之也。——《新书·修政语》

【注释】

①弗：不。

②鬻河：黄河。道：通"导"，引导。

③信：诚信。

【翻译】

大禹说："人民要是没有饭吃，我就不能对他们发号施令；事情做成了，要是对人民没有好处，我就不能劝导、鼓励他们去做。"所以，疏通黄河引导河水流向九条支流，开凿长江引导江水流向九条水道，疏通五湖使东海安定不泛滥，人民很劳累却不会感到苦，是因为事情成功了对他们有利。禹曾经白天没有时间吃饭，晚上没有时间睡觉。正是在这个时候，为了操劳事务才这样的。所以，禹和民众一起做事，并不谈论自己的诚信，而诚信已经被人民了解了。所以，治理天下，该用诚信。

【解读】

"修政语"，意思是关于美政的言论，贾谊通过记述古代帝王关于如何实现美政的言论，申诉自己的美政主张，其民本思想是贾谊思想的核心。他以为民无不为本，为政以此为要为大，应当厚民、安民，切戒薄民、害民。他认为秦亡于失民。他总结了历史经验教训，提出了警世的忠告。其论不仅在当时是空前的，在古代几千年历史上也是突出的。

十三、《春秋繁露》中的"民本"

《春秋繁露》是汉代哲学家董仲舒的政治哲学著作，现存17卷82篇。《春秋繁露》是后人辑录董仲舒遗文而成书，书名为辑录者所加，隋唐以后才有此书名出现。该书推崇公羊学，发挥"春秋大一统"之旨，阐述了以阴阳、五行为骨架，以天人感应为核心的哲学-神学理论，宣扬"性三品"的人性论、"王道之三纲可求于天"的伦理思想及赤黑白三统循环的历史观，为汉代中央集权的封建统治制度奠定了理论基础。

【作者简介】

董仲舒（前179—前104），广川郡（今河北景县广川镇大董故庄村）人，汉代哲学家、经学家、思想家。早年专心研究《春秋》公羊学，在汉景帝时任经学博士，并教授很多弟子。他专心研究时，曾三年不去看自己的园圃。汉武帝时，他参加对策，连续三次得到汉武帝的赏识，被任命为江都相。这三次对策的策文主要讲了天人感应的问题，后人称为"天人三策"。班固《汉书·董仲舒传》收入董仲舒的《天人三策》，集中反映了董仲舒的政治哲学思想。这些学术成果是研究董仲舒思想的可靠资料。

【选文】

天之生民非为王也，而天立王以为民也。故其德足以安乐民者①，天予之；其恶足以贼害民者，天夺之。——《春秋繁露·尧舜不擅移汤武不专杀》

【注释】

①安乐：使动用法，"使……安宁快乐"。

【翻译】

上天创造人民，并不是为了王，而上天设立王，却是为了人民。因此，一个人的德行能够给人民带来和平和快乐，上天就授予他天子之位；一个人的恶行如果伤害了人民，上天就会夺去他的天子之位。

【解读】

儒家学说历来富含民本色彩，作为旷世大儒的新儒家代表，董仲舒是以更"高明"的方式来表述其深层民本内涵的，这就是其具有天人哲学色彩和神学背景的民本思想论。伸君的前提是伸天，天生万民并不是为了君，王权只能授予那些可以安乐民众的仁义之君，即君王必须效法天地之仁，从而使"尊君"与"爱民"在天意的协调下达到统一与和谐，而对于那些贼害民众的无道之君，天必定会收回他们的王权。

十四、《论衡》中的"民本"

《论衡》大约成于汉章帝元和三年（86年），是东汉王充的著作，是一部古代唯物主义的哲学文献，宣传无神论。现存文章共85篇，其中《招致》仅存篇目。它在中国哲学史上具有划时代的意义。"衡"字本义是天平，《论衡》就是评定当时言论价值的天平。它的目的是"冀悟迷惑之心，使知虚实之分"。

【作者简介】

王充（27—97），字仲任，会稽上虞（今属浙江）人，是东汉唯物主义哲学家，无神论者。王充以道家的自然无为为立论宗旨，以"天"为天道观的最高范畴。以"气"为核心范畴，由元气、精气、和气等自然气化构成了庞大的宇宙生成模式，与天人感应论形成对立之势。其在主张生死自然、力倡薄葬，以及反叛神化儒学等方面彰显了道家的特质。他以事实验证言论，弥补了道家空说无着的缺陷。是汉代道家思想的重要传承者与发展者。

【选文】

子贡问政①，子曰："足食，足兵②，民信之矣。"子贡曰："必不得已而去，于斯三者何先？"曰："去兵。"子贡曰："必不得已而去，于斯二者何先？"曰："去食。自古皆有死，民无信不立。"信最重也。

问：使治国无食，民饿，弃礼义。礼义弃，信安所立？传曰："仓廪实，知礼节；衣食足，知荣辱。"让生于有余，争生于不足。今言"去食"，信安得成？春秋之时，战国饥饿，易子而食，析骸而炊，口饥不食，不暇顾恩义也。夫父子之恩，信矣，饥饿弃信，以子为食。孔子教子贡去食存信，如何？夫去信存食，虽不欲信，信自生矣；去食存信，虽欲为信，信不立矣。——《论衡·问孔》

【注释】

①政：政治。这里指治理国家的办法。

②兵：武器。这里是军备的意思。

【翻译】

子贡向孔子请教治理国家的办法。孔子说："使粮食充足，使军备充足，取得老百姓的信任。"子贡问："如果迫不得已要去掉一项，在这三者中该先去掉谁呢？"孔子说："去掉军备。"子贡又问："要是迫不得已还要去掉一项，在这二者中该先去掉谁呢？"孔子说："去掉粮食。自古以来人都要死，而没有老百姓的信任，国家就站不住脚。"可见，取得老百姓的信任是最重要的。

请问：假使治理国家没有粮食，老百姓饥饿，就会抛弃礼义。

礼义被抛弃，信任怎么建立呢？典籍上说："粮仓充实了，老百姓才知道礼节；衣食丰足了，老百姓才懂得荣辱。"礼让从富裕产生，争夺从贫困而来。如今说"去掉粮食"，那么信任怎么建立呢？春秋的时候，交战各国发生饥荒，人们相互交换孩子来吃，劈开死人骨头来烧火，这是由于肚子饥饿没有吃的，来不及顾及什么恩义。父子的恩情，是最可靠的，由于饥饿这种信任被迫抛弃，用孩子来作为粮食。孔子教子贡放弃粮食保存信任，怎么行呢？放弃信任保存粮食，虽然不想得到信任，但信任会自然建立；放弃粮食保全信任，虽然想取得信任，但信任却无法建立的。

【解读】

《论衡·问孔》是对《论语》所记载的孔子言论和行为提出质疑，东汉时，儒家思想进一步被神化，孔子被捧为圣人、神人。社会上"好信师而是古，以为贤圣所言皆无非"，王充虽认为孔子博学多识，道德高尚，却又认为"贤圣之言，上下多相违，其文，前后多相伐"，并不是无可非议之处，于是不顾朝野上下盲目崇孔的风气，对孔子进行问难。"追难孔子，何伤于义？""伐孔子之说，何逆于理？"他提出在学习中要善于追根问底的主张。主张为弄清问题要敢于不同意老师的意见，敢于"距（拒）师"，敢于说出圣人没有说过的话，"非必须圣人教告乃敢言也"。文中王充所举事例和非议，虽也有不妥之处，但其不畏权威敢于质疑的精神是很宝贵的。

十五、《潜夫论》中的"民本"

　　《潜夫论》共36篇，大多是讨论治国安民之术。作者是东汉思想家王符。他对东汉后期的政治社会提出尖锐批判，涉及政治、经济、风俗等各个方面，用历史教训警告统治者。他指出"国以民为基，贵以贱为本"，这对先秦时期"民本"思想是进一步继承和发扬。

【作者简介】

　　王符（85—163），字节信。安定临泾（今甘肃镇原）人，东汉思想家、文学家。与马融、张衡等著名学者友善。他是庶出之子，舅家无亲，所以在家乡受歧视；又不苟于俗，不求引荐，所以游宦不获升迁。于是愤而隐居著书，终生不仕。王符著书"以讥当时失得，不欲彰显其名"，题曰《潜夫论》。他总结三代以来的历史经验教训，以此立论，批评东汉后期政治弊端，是非明确，内容切实，说理透辟，指斥尖锐。《潜夫论》几乎通篇排偶，遣词骈俪，相当突出地表现东汉后期政论散文的骈化趋势，渐启建安盛行的华丽之风。《潜夫论》有清人汪继培笺注本。

【选文】

　　国之所以为国者，以有民也。——《潜夫论·爱日》

【翻译】

国家之所以成为一个完整的国家，是因为有民众的存在。

【解读】

国家对人民有一种依赖关系，而人民对国家有一种制约关系。王符在东汉社会由盛转衰的时刻再次擎起民本思想的大旗，在社会批判思潮开启的第一时间，最鲜明、最全面地从政治、经济、军事等多个领域为民呐喊，在对先秦西汉民本思想继承吸收的基础上又一次大大拓宽了民本理论的涵盖面：他鲜明果敢地提出"民为国基"的命题，并发前人未发的"爱日说"和"多元本末论"等独具特色的民本观念，面对边患，他又对边民境遇倍加关注，主张实边保民。可以说，王符的民本思想在极大丰富民本理论的同时，也把其理论内涵发展到更为全面和完善的地步，同时也为民本思想在即将到来的东汉末年社会批判思潮中的继续发展开辟了道路。

十六、《淮南子》中的"民本"

《淮南子》是由刘安和其宾客方士共同完成的集体著述，也称《淮南鸿烈》。它是一部以道家学说为核心，融合儒、法、墨、阴阳诸家的论文集，是统治阶级中黄老思想的理论化、系统化的结晶，是集黄老学之大成的新道家代表作。它总结了先秦秦汉以来治乱兴衰的经验教训，探寻天道、人事规律，为封建大一统的帝国统治提供了较为完备的学说。只因而后董仲舒儒术独尊和刘安自身的垮台，此书并没有发挥应有的作用，然而它凝聚了黄老学派的理论精华，在汉代思想史上有不可动摇的地位，所以研究民本思想在汉代的发展，自然不能忽略《淮南子》的贡献。

【作者简介】

刘安（前179—前122），汉高祖孙，武帝叔，袭父刘长之地被封为淮南王。后因图谋叛乱，事泄自杀。其文采出众，颇好著述，以其为首的一批文人学士，形成汉初黄老学派的主要流派。

【选文】

故圣人制礼乐，而不制于礼乐。治国有常，而利民为本；政教有经，而令行为上①。苟利于民，不必法古；苟周于事，不必循旧②。——《淮南子·氾论训》

【注释】

①"治国"四句：见于《战国策·赵二》。

②"苟利于民"四句：见于《商君书·更法》。《说苑·善谋》亦载之。

【翻译】

礼乐是圣人制定的，而圣人并不受礼乐的束缚和限制。治理国家虽有常规，但必须以有利于民众为根本；政令教化虽有常法，但必须以切实有效行得通为最好。如果对民众有利，就不必非要效法古制；如果适合实际情况，就不必一定要遵循旧法。

【解读】

对于法制和礼乐制度，不宜则废之。只要有利于民，适合民事的政策，大可不必仿古循旧。要使民安，先要"利民"。刘安等关注的是百姓之大利，继而把利民作为一项重要的治国策略。这也体现了作者进步的历史观。

【选文】

欲成霸王之业者，必得胜者也；能得胜者，必强者也；能强者，必用人力者也；能用人力者，必得人心者也；能得人心者，必自得者也。故心者身之本也；身者国之本也。未有得己而失人者也，未有失己而得人者也。故为治之本，务在宁民；宁民之本，在于足用；足用之本，在于勿夺时；勿夺时之本，在于省事，省事之本，在于节用①；节用之本，在于反性。未有能摇其本而静其末，浊其源而清其流者也。——《淮南子·泰族训》

【注释】

①节：止。

【翻译】

想要成就霸王功业的人，必定是能取得胜利的人；能取得胜利的人，必定是强者；能有强大力量的人，必定是善于利用人力的人；善于利用人力的人，必定是得人心的人；能够得人心的人，必定是自身修养有收获的人。所以人心性的修养是自我修养的根本，自我修养又是治国平天下的根本。世上没有自我修养有所收获而失去人心的，也没有放弃自我修养却得人心的。所以治国的根本，务必在于安定民生；安定民生的根本又在于使人民财物充足；而财物充足的根本在于不侵夺农时；不侵夺农时取决于减少徭役、兴建之类的事；而减少这类事又取决于人的节欲观念。而节欲观念的形成建立于人对清淡恬静天性的返归。没有摇动了树的根部而树梢却静止的事，也没有弄浑了水源而让流水清澈的事。

【解读】

《泰族训》是对《淮南子》全书理论体系的总结，集中体现了黄老道家的天道自然观和治国理论。其中，圣人政治要注意掌握根本，不能舍本求末。国家大治，"得人心"是最根本的要求。在这里继续强调民众是一个不可忽视的政治力量，顺应民势，符合民心，就能得天下，反之亦然。在秦亡汉兴的进程中，民众显示出尤为巨大的威力，这给《淮南子》的作者们提供了现实的教训，促使他们积极地阐发其民本思想。《淮南子》主张安民且利民，劝诫君主节欲省事，不扰民生，不违农时，让民正常耕作，足其生活所需，从而使民心安定。其所用"去""返""节""省"等字作为治国利民的基础，正是道家无为思想的集中体现。

十七、《三国志》中的"民本"

《三国志》的作者是西晋史学家陈寿。它是一部记载魏、蜀、吴三国鼎立时期的纪传体国别史。其中，《魏书》30卷，《蜀书》15卷，《吴书》20卷，共65卷。记载了从魏文帝黄初元年（220年），到晋武帝太康元年（280年）60年的历史。

【作者简介】

陈寿（233—297），字承祚，西晋巴西安汉（今四川南充北）人。他少好学，师事同郡学者谯周，在蜀汉时任观阁令史。当时，宦官黄皓专权，大臣都曲意附从。陈寿因为不肯屈从黄皓，所以屡遭遣黜。入晋以后，历任著作郎、治书侍御史等职。280年，晋灭东吴，结束了分裂局面。陈寿当时47岁，开始撰写《三国志》。

【选文】

逊议曰："国以民为本：强由民力，财由民出。夫民殷国弱①，民瘠国强者，未之有也。故为国者，得民则治，失之则乱；若不受利，而令尽用立效②，亦为难也。是以《诗》叹'宜民宜人，受禄于天'。乞垂圣恩，宁济百姓。数年之间，国用少丰，然后更图。"——《三国志·吴书·陆逊传》

【注释】

①殷：众多。

②尽用：完全发挥作用。

【翻译】

陆逊建议说："国以民为本：强盛取决于民力，财货也出自民众。民富而国弱，民贫而国强，这种事从古未有。故此治理国家者，得到民心则国家得治，失去民心则国家有乱；如果不让人民得到利益，而想让他们竭力效劳，实在难以做到。《诗经》有言慨叹'便益人民，上天赐福'。请求陛下广施圣恩，安抚赈济百姓，数年之间，国家财力小有丰裕，然后再考虑其他事情。"

【解读】

陆逊是三国时吴国的政治家、军事家，他也指出人民是国家安危、君主威侮、官吏贵贱的根本，他的思想反映了古代政治家、思想家对民众力量的敬畏和重视。统治者要实现政治上的长治久安，就不能忽视民众的存在。民为君之本、为国之本，不可须臾或缺。

十八、《后汉书》中的"民本"

《后汉书》是南朝宋时期历史学家范晔编撰的记载东汉历史的纪传体史书。与《史记》《汉书》《三国志》合称"前四史"。包括纪10卷、传80卷、志30卷，记载了从汉光武帝至汉献帝195年的历史。《后汉书》结构严谨，编排有序，大部分沿袭《史记》《汉书》的现成体例，但在成书过程中，范晔根据东汉一代历史的具体特点又有所创新。他在帝纪之后添置了皇后纪，新增加了《党锢传》《列女传》等7个类传，这是第一次在纪传体史书中专为妇女作传。

【作者简介】

范晔（398—445），字蔚宗，顺阳（今河南南阳淅川）人，南朝宋史学家、文学家。范晔出身士族家庭，元熙二年（420年），刘裕代晋称帝，范晔应召出仕，任彭城王刘义康门下冠军将军、秘书丞；元嘉九年（432年），因得罪刘义康，被贬为宣城太守，于任内著《后汉书》。

【选文】

万民者，天之所生。天爱其所生，犹父母爱其子。一物有不得其所者，则天气为之舛错，况于人乎^①？故爱人者必有天报。昔太王重人命而去邠^②，故获上天之祐^③。夫戎狄者，四方之异气也。蹲夷踞肆^④，与鸟兽无别。若杂居中国，则错乱天气，污辱善人，是以圣王之制，羁縻不绝而已^⑤。——《后汉书·卓鲁魏刘列传》

【注释】

①况：何况。

②昔：以前。

③祐：保佑。

④蹲夷：踞坐，古代看作是野蛮、无礼的举动。踞肆：傲慢、放肆无礼。

⑤羁縻：束缚、控制。

【翻译】

万民，是天之所生。天爱其所生，就像父母爱自己的儿子一样。有一物不得其所，天气还为之舛错，何况是人呢？所以爱人者必有天报。以前太王古公因爱惜人命而去，所以获得上天的保佑。夷狄，是四方的异气。平时踞坐傲慢放肆无礼，与鸟兽没有分别。如杂居中国，则错乱天气，污辱好人，所以圣王之制，对他们只是束缚不绝而已。

【解读】

《卓鲁魏刘列传》是对卓茂、鲁恭、魏霸、刘宽四人生平的讲述，文中着重描写了四人为官时的作为，传达了四人以民为重的民本思想。他们四人虽官职不同，但都坚持以民为本、为民着想，不仅得到君王的赏识，而且得到百姓的爱戴，皆为后世所称赞。

【选文】

丹、卬负其众^①，皆曰："大丈夫既起^②，当各自为主，何故受人制乎？"常心独归汉^③，乃稍晓说其将帅曰^④："往者成、哀衰微无嗣，故王莽得承间篡位。既有天下，而政令苛酷，积失百姓之心^⑤。……举大事，必当下顺民心，上合天意，功乃可成。若负强恃勇，触情恣欲^⑥，虽得天下，必复失之。以秦、项之势，尚至夷覆，况今布衣相聚草泽^⑦？以此行之，灭亡之道也。"——《后汉书·王常传》

【注释】

①负其众：倚仗他们的人多。

②起：起义。

③归：归顺。

④稍：慢慢地。

⑤积：积累。

⑥恣：放纵。

⑦布衣：平民。

【翻译】

成丹、张卬倚仗他们的人多，都说："大丈夫已经起义，应该各自做主，为什么要受别人制约呢？"王常一心只想归顺汉朝，就慢慢说服将帅说："以前成帝、哀帝衰微没有后代，所以王莽能够趁机篡位。（王莽）拥有天下后，政令苛刻严酷，时间久了就失去了民心。做大事，应当要下顺应民心，上符合天意，功业才可以成就。如果倚仗强大勇猛，放纵情感欲望，即使得到了天下，一定会再失去它。凭秦朝、项羽的力量，尚且被消灭，何况现在我们这些在民间聚集的平民呢？（如果）按照这种做法行事，是走向灭亡的道路啊。"

【解读】

王莽专权末年，王常起义，英勇无比。王常又心系万民，并将爱护人民、顺应民心的思想传达给身边众将士，王常秉持这一思想，成为绿林军的主要领袖之一，后来拥戴刘秀为帝，与同时起义绿林的马武并列云台，成为中兴功臣中的著名将领。

十九、《十渐不克终疏》中的"民本"

《十渐不克终疏》是唐代政论家魏征所写的一篇文章。贞观十二年（638年），魏征看到唐太宗逐渐怠惰，懒于政事，追求奢靡，便奏上著名的《十渐不克终疏》，列举了唐太宗执政初到当前为政态度的十个变化。"十渐不克终"意为有始无终的十个方面的苗头。这篇奏疏全文采用对比手法，从执政者十个方面的今昔细节变化中陈述"不克终"的表现，对统治阶层进行了有效的劝谏，成为预防执政者骄奢淫逸、荒废朝政的一支预防针，为巩固唐王朝的统治起到了积极的作用。

【作者简介】

魏征（580—643），字玄成，馆陶（今属河北）人，唐初政治家。少年出家。曾参加隋末农民起义。后入唐为太子洗马。太宗即位后，被擢为议谏大夫，历任秘书监、侍中等职。参与朝政，先后向太宗陈谏二百余事，是历史上有名的敢谏之臣。后以修史功，晋位光禄大夫，封郑国公。曾提出"兼听则明，偏听则暗"，"居安思危，戒奢以俭"；主张"薄赋敛""轻租税""息末敦本""宽仁治天下"等，对太宗的行动及政策、措施给以极有益的影响。

【选文】

昔子贡问理人于孔子①，孔子曰："懔乎②，若朽索之驭六马③。"子贡曰："何其畏哉？"子曰："不以道导之，则吾仇也，若何其无畏？"故《书》曰："民惟邦本，本固邦宁。"为人上者④，奈何不敬？陛下贞观之始，视人如伤⑤，恤其勤劳⑥，爱民犹子，每存简约，无所营为；顷年以来，意在奢纵，忽忘卑俭，轻用人力，乃云："百姓无事则骄逸，劳役则易使。"自古以来，未有由百姓逸乐而致倾败者也，何有逆畏其骄逸而故欲劳役者哉⑦？恐非兴邦之至言，岂安人之长算⑧？此其渐不克终。——《十渐不克终疏》

【注释】

①理人：治民。

②懔：惧怕。

③朽索：腐朽的绳索。

④为人上者：指君主。

⑤视人如伤：待人如对待伤口那样小心翼翼。

⑥恤：体恤，怜悯。

⑦逆：事先。

⑧长算：长远的打算。

【翻译】

昔日子贡向孔子请教治民的道理和方法，孔子说："可怕啊，就像用腐朽的绳索驾驭六匹马。"子贡说："怕什么呢？"孔子说："不用道义去引导他们，那就是我的仇敌，怎么不可怕？"所以《书》上说："百姓是国家的根本，根本牢固国家就会安宁。"身为君王怎么能不谨慎？陛下在贞观初年，待人如同对待伤口一样小心翼翼，体恤他们的勤劳，爱民就像爱自己的孩子，心中怀着凡事简约的思想，不曾大兴土木滥加建造。近年以来，滋生了奢侈、放纵的思想，忘掉了简约从事的初衷，轻易地动用人力，竟说："如果没有事情让百姓干，他们就会变得骄奢逸乐，而加之以劳役就易于驱使。"自古以来，没有百姓逸乐安然而能使国家走向衰败的，哪有害怕其骄逸而故意奴役驱使他们的呢？这恐怕不是兴邦的至理名言，岂是安定民众的长远打算？这是逐渐陷入不能善始善终的表现。

【解读】

唐太宗贞观十三年（639年），魏征见太宗近岁颇好奢纵，恐其不能克终俭约，故上奏章直谏。指出太宗在十个方面有不能善始善终的缺点，希望他改正这些缺点，继续保持贞观之初的优良作风。在谏言中，魏征深化了儒家的民本思想，并且进一步发展了君民关系论，劝诫君主牢记"民惟邦本"的君民关系，实际上就是对前朝统治经验的总结，也是对"明君"观念的提升。

二十、《帝范》中的"民本"

《帝范》系唐太宗李世民自撰的论述人君之道的一部政治文献。他在赐予子女时再三叮嘱，并作为遗训："饬躬阐政之道，皆在其中，朕一旦不讳，更无所言。"书成于贞观二十二年（648年）。《帝范》是中国历史上最好的管理和统御之道。毛泽东在读李百药上书给李世民的《封建论》时批注道：李世民的工作方法有四，即李世民平定四方，用怀柔政策，不急功近利，不劳民损兵；不贪图游乐，每早视朝，用心听取各种建议，出言周密；罢朝后和大臣们推心置腹讨论是非；同人议论经典文事，到了深夜也不知疲倦。

【作者简介】

李世民（598—649），即唐太宗，生于武功之别馆（今陕西武功），是唐高祖李渊的次子，唐朝第二位皇帝，杰出的政治家、军事家、诗人。他名字的意思是"济世安民"，即位为帝后，积极听取群臣的意见，努力学习文治天下，成功转型为中国历史上著名的政治家与明君之一，开创了唐代"贞观之治"，将中国传统农业社会推向鼎盛时期。

【选文】

夫人者国之先，国者君之本。人主之体①，如山岳焉，高峻而不动；如日月焉，贞明而普照。兆庶之所瞻仰，天下之所归往。宽大其志②，足以兼包；平正其心足以制断。非威德无以致远，非慈厚无以怀人。抚九族以仁，接大臣以礼。奉先思孝，处位思恭。倾己勤劳③，以行德义④，此乃君之体也。——《帝范》

【注释】

①主：即君也，领也，主领庶众。

②志：心之所之也。

③劳：事功曰劳。

④德：得也，得之于道。义：事之宜也，裁制事物合宜。

【翻译】

人民是一个国家之所以建立的先决条件，国家是一个君王的根本。做君主的，外观上给人的感觉应该是像山岳一样稳重而高峻；应该是像太阳和月亮一样，具有永恒的光热，而且普照万物。君主是老百姓行动的指南，也是天下民众所向往的归宿。人君应该有宽广的胸怀和远大的志向，这样他的心才能包容宇宙，涵容万物；作为帝王，如果能使自己修养到平心静气，公正地对待天下的人和事，那么临事就能正确决断。没有威望和好的德行，就不能感染影响远方；没有慈善和广厚的爱心，就不能安抚万众。要以仁义来安抚九族；对大臣还要以礼相待。敬奉祖先要做到孝；高居皇位要时时想到谦恭谨慎。君王应该克己勤劳，以彰显自己的德义，这就具备了为君的大体。

【解读】

隋王朝的统治如昙花一现，这强烈地震撼着唐初统治者。他们深刻汲取隋亡的教训，制定自己的治国方略，尤其是唐太宗，他认为"天子者，有道则人推而为主，无道则人弃而不用，诚可畏也"，拒绝了封德彝等人"任法律，杂霸道"的主张，采纳了魏征等人"王道仁政，安人理国"的治国方略，创造了举世无双的贞观之治。唐初君臣对民本思想的发展表现在进一步发展了君臣、君民关系论。

二十一、《贞观政要》中的"民本"

《贞观政要》是一部政论类史书，作者为唐代吴兢。该书主要记载了唐太宗在位的23年中一些政治、经济上的重大措施。全书10卷40篇，分类编辑了唐太宗与魏征、房玄龄等大臣在治政时讨论的问题，包括大臣们的争议、劝谏、奏议等，以规范君臣思想道德和治同军政思想。《贞观政要》旨在歌颂"贞观之治"，总结唐太宗时代的政治得失，希望后来君主以为借鉴。

【作者简介】

吴兢（670—749），汴州浚仪（今河南开封）人。唐朝史学家。武周时入史馆，修国史，迁右拾遗内供奉。与同时代其他官员相比，吴兢的仕途还是较为顺畅的，没有大起大落。居史馆任职30

余年，以叙事简练、奋笔直书见称。曾认为梁、陈、齐、周、隋五代史繁杂；分别撰《梁史》《齐史》《周史》各10卷、《陈史》5卷、《隋史》20卷。曾从事官府藏书的整理、国家书目的编制工作。编著有《乐府古体要解》《唐春秋》《唐书备阙记》《太宗勋史》《贞观政要》等，仅《贞观政要》传于今。

【选文】

贞观初①，太宗谓侍臣曰："为君之道，必须先存百姓。若损百姓以奉其身，犹割股以啖腹②，腹饱而身毙。"——《贞观政要·君道》

【注释】

①贞观：唐太宗李世民年号，从公元627年至649年。

②股：大腿。啖：吃或给人吃。

【翻译】

贞观初年，唐太宗对侍奉的大臣们说："做君主的法则，必须首先使百姓存活。如果损害百姓来奉养自身，那就好比是割大腿上的肉来填饱肚子，肚子填饱了，人也就死了。"

【解读】

《君道》篇列《贞观政要》首卷之首，基本内容讲为君之道，也可看作全书的总纲。认为有道明君治理国家，国家就能安定兴盛，无道昏君统治天下，天下则必会动乱危亡。"社稷安危，国家治乱，在于一人而已。""有道明君"的典型是唐太宗，"无道昏君"的代表是隋炀帝。李唐政权鉴于隋二世而亡的教训，提出"君依于国，国依于民"的重民思想，制定偃革兴文、布德施惠、居安思危、务实求治的施政方针，由天下大乱达到天下大治。

【选文】

蕴古，初以贞观二年，自幽州总管府记室兼直中书省，表上《大宝箴》，文义甚美，可为规诫。其词曰：

今来古往，俯察仰观，惟辟作福①，为君实难。宅普天之下，处王公之上，任土贡其所有，具僚和其所唱②。是故恐惧之心日弛，邪僻之情转放。岂知事起乎所忽，祸生乎无妄。故以圣人受命，拯溺亨屯③，归罪于己，推恩于民。大明无偏照④，至公无私亲。故以一人治天下，不以天下奉一人。——《贞观政要·刑法》

【注释】

①辟：指国君。

②具僚：指左右群臣。

③亨屯：意谓解救危难，使之安顺。亨，顺通。屯，艰难。

④大明：指太阳。

【翻译】

张蕴古，在贞观二年（628年），任幽州总管府记室兼直中书省时，向唐太宗呈上了《大宝箴》一文，文辞华美，道理深刻，是一篇规诫朝政的好文章。内容如下：

古往今来，纵观横看，君主都要为民造福，做君主的确不易。普天之下莫非王土，率土之滨莫非王臣，全国各地随其所有进贡，满朝文武一呼百应。因此国君容易丢掉戒备之心，滋生放纵之情。岂知福兮祸所伏，事故生于疏忽，灾祸生于意外，世事无常。所以圣人顺应天意，拯济苍生，归罪于自己，施恩于百姓。"大道之行，天下为公"，君主以一己之躯侍奉天下，不以天下百姓侍奉一身。

【解读】

张蕴古的《大宝箴》一文讨论了为君之道的教训。一是把握创业与守成的关系，正确处理君民关系。创业历险，固然艰难，但创业后要居安思危，安而能惧。对于君临天下的帝王来说，守业岂不更难？二是明君常思古训："君，舟也；民，水也。水能载舟，亦能覆舟。"为君不能竭泽而渔，逼使百姓起来造反。所以为君者要为天下百姓谋利，以造福天下苍生为重。

二十二、《四书章句集注》中的"民本"

《四书章句集注》是集《大学》《中庸》《论语》《孟子》于一体的一部儒家理学的名著，是封建社会最重要的经典著作之一，是"四书"的重要注本，是朱熹最有代表性的著作之一。全书包括《大学章句》1卷、《中庸章句》1卷、《论语集注》10卷和《孟子集注》14卷。《大学》《中庸》中的注释称为"章句"，《论语》《孟子》中的注释集合了众人说法，称为"集注"。后人合称其为《四书章句集注》，简称《四书集注》。

【作者简介】

朱熹（1130—1200），字元晦，又字仲晦，号晦庵，晚称晦翁，谥文，世称朱文公。徽州婺源（今江西婺源）人，出生于南剑州尤溪（今属福建三明市）。宋朝著名的思想家、哲学家、教育家、诗人，程朱学派的代表人物，儒学集大成者，世尊称为朱子。朱熹是唯一非孔子亲传弟子而享祀孔庙，位列大成殿十二哲者中。朱熹是程颢、程颐的三传弟子李侗的学生，任江西南康、福建漳州知府，浙东巡抚，做官清正有为，振举书院建设。官拜焕章阁侍制兼侍讲，为宋宁宗讲学。朱熹著述甚多，有《四书章句集注》《太极图说解》《通书解说》《周易本义》《诗经集传》《楚辞集注》，后人辑有《朱子大全》《朱子语类》等。其中《四书章句集注》成为钦定的教科书和科举考试的标准用书。

【选文】

盖国以民为本，社稷亦为民而立，而君之尊①，又系于二者之存亡，故其轻重如此②。——《四书章句集注·孟子》

【注释】

①尊：地位。

②故：因此。

【翻译】

国家以民为本，社稷是为民而设立，而君主的地位，取决于国家社稷的存亡。因此谁轻谁重就很清楚了。

【解读】

至宋朝时，由于理学的发展，以二程和朱熹为代表的理学家，

将民本思想发挥得更加精致，他们的特色是将理欲、义利、公私和
王霸之道发挥到极致，为"公天下"立论，以对付君权，而且认为
君主必须是仁德的化身，提出"若人民皆归往之，便是天命之也"
的"民心等于天心"命题，使人文精神从人间飞向天上。另外，这
一时期的思想家自觉地将民本和尊君和谐地结合在一起。

二十三、《明夷待访录》中的"民本"

《明夷待访录》是中国政治思想史上一部具有启蒙性质的批判
君主专制的名著，作者是明末清初著名思想家黄宗羲。全书共计21
篇，其特点是，对于封建现状，批判得很尖锐。该书通过对历史的
深刻反思，总结了秦汉以来，特别是明代的历史教训，批判了封建
君主专制制度，并提出了"天下为主，君为客"等一系列比前人更
进一步的民主观念，具有鲜明的启蒙性质和民主色彩，被梁启超称
为"人类文化之一高贵产品"。

【作者简介】

黄宗羲（1610—1695），明末清初经学家、史学家、思想家、
教育家。浙江余姚人。字太冲，一字德冰，号南雷，别号梨洲老
人、梨洲山人等，学者称梨洲先生。黄宗羲学问极博，思想深邃，
著作宏富，与顾炎武、王夫之并称明末清初三大思想家；与弟黄宗
炎、黄宗会号称浙东三黄；与顾炎武、方以智、王夫之、朱舜水并

称为明末清初五大家，亦有中国思想启蒙之父之誉。著有《宋元学案》《明儒学案》《明夷待访录》等。

【选文】

故我之出而仕也，为天下，非为君也，为万民，非为一姓也。吾以天下万民起见，非其道，即君以形声强我①，未之敢从也，况于无形无声乎？非其道，即立身于其朝，未之敢许也，况于杀其身乎？不然，而以君之一身一姓起见，君有无形无声之嗜欲，吾从而视之听之，此宦官宫妾之心也。君为己死而为己亡，吾从而死之亡之，此其私昵者之事也②。是乃臣不臣之辨也。——《明夷待访录·原臣》

【注释】

①以形声强我：意思是有明确的表示强制我去做某事。

②私昵：君主所宠信亲近的人，指宦官、宫妾等。

【翻译】

因此，我出来做官，是为天下百姓服务，而不是为君主一人服务；是为万民苍生工作，不是为一姓一朝工作。我是为了天下百姓的福利着眼，如果不是这样，即使国君以行动、语言来强迫我，我也不敢听从，更何况没有明确的行动和语言呢？如果不是这样，就算是在朝廷中做官，我也不愿意，更何况为国君牺牲生命呢？如果不是这样，竟以国君一人一姓的福利着眼，国君有未经明确表示的喜好嗜欲，我就善加体察，曲意奉承，那不就和宦官仆妾一样嘛。国君为一己的私心而身死家亡，我也跟着身死家亡，这是感情亲密者才能有的行为啊！这就是真的臣子与不是臣子的分别啊。

【解读】

以民众为本，政权才能巩固，天下才能太平；失去民心，政权就会丧失。黄宗羲为维护封建统治，主张封建君主、官吏在治国中应该以民为本。他的"天下为主，君为客"的观点是民本思想的重要体现。在君臣关系上，黄宗羲也认为，臣并不是为君主服务，他的职责与君主一样都应该为"天下"服务，也就是为"万民"服务。

【选文】

盖天下之治乱①，不在一姓之兴亡，而在万民之忧乐。是故桀、纣之亡，乃所以为治也②；秦政、蒙古之兴③，乃所以为乱也；晋、宋、齐、梁之兴亡，无与于治乱者也④。为臣者轻视斯民之水火⑤，即能辅君而兴，从君而亡，其于臣道固未尝不背也。——《明夷待访录·原臣》

【注释】

①治乱：治理和扰乱。

②所以：等于"以所"。所，代词，代桀纣的灭亡。以，因为。

③蒙古：指元朝。

④与：涉及，关系。

⑤水火：这里指水灾、火灾。水灾、火灾，乃大的灾难。故用"水火"代人间巨大的灾难，这是一种用事物的特征代事物整体的表现方法。

【翻译】

天下的治理和扰乱，不在于君王一家族的兴盛与衰亡，而在于天下百姓生活的快乐与忧愁。因此，夏桀、商纣的灭亡，是天下治理的表现；秦始皇、元朝的兴起，是天下扰乱的表现；东晋与南朝宋、齐、梁四朝的兴亡，与天下的治乱没有关系。做臣子的如果不重视百姓的患难，即使他辅助国君立国，跟随国君去死，他对于为臣之道也不能说就没有违背。

【解读】

黄宗羲在选文中，阐述了民本思想的重要性，他说："盖天下之治乱，不在一姓之兴亡，而在万民之忧乐。"社会的治与乱，不应着眼于一姓王朝的兴亡，而应着眼于天下万民的忧乐，即一个王朝的兴盛，不在于封建君主一人一姓获得了多少利益、欢乐，而在于天下万民是否得到了欢乐。黄宗羲把民本主义高于君权主义的思想表达得非常明确，体现了一个思想家的敏锐眼光和高度的政治觉悟。对君权主义的批判，也是在强调天下是万民所共有的，充分肯定民众的地位和作用，贬低了君主的地位。

【选文】

三代以上有法，三代以下无法。何以言之？二帝、三王知天下之不可无养也①，为之授田以耕之；知天下之不可无衣也，为之授地以桑麻之；知天下之不可无教也，为之学校以兴之，为之婚姻之礼以防其淫，为之卒乘之赋以防其乱。此三代以上之法也，固未尝为一己而立也。——《明夷待访录·原法》

【注释】

①二帝：唐尧、虞舜。三王：夏禹、商汤、周武王。也泛指古代帝王。

【翻译】

三代以上有法度可言，三代以下没有法度可言。为什么这样说呢？二帝、三王知道天下百姓要自己养活自己，于是授予百姓田地让他们耕种；知道天下百姓不能没有衣服穿，于是授予他们土地让他们种植桑麻；知道天下百姓不可以不进行教化，于是为他们开办了学校对他们进行教育，为他们制定了婚姻之礼用来防止淫乱之事的发生，为他们规定了兵役赋税用来防止他们发生动乱。这是三代以上的法度，不是为了一己之私而设定的。

【解读】

中国传统社会强调民惟邦本，以民为本要重民、爱民，除此之外还要注重"养民"，关心民众的生活，重视民众的生存、发展。黄宗羲在《原法》中，表达了"养民"的重要性。重视民众的生存权、发展权，就是重视民众在国家生活中的重要地位，只有以民为本，顺应民心，国家才能稳定发展。民本思想就是要求统治者在治理国家时，看到民对于政权巩固、国家发展所起到的重要作用，强调民是国家稳定与发展的基石，君主要慎用、用好手中的权力，认识到设立君主的目的在于为民。

二十四、《新民说》中的"民本"

《新民说》是梁启超发表在《新民丛报》上的20篇政论文章

的合集。20世纪初年，梁启超看到了西方的近代文化同中国的传统文化的整体对立，出版了《新民说》，提出了改造国民性的主张。《新民说》的主要期望是唤起中国人民的自觉，要从君主时代的臣民，转化为现代国家的国民，并讲述现代国民所应有的条件和准则，在20世纪中国起了启蒙的作用。

【作者简介】

梁启超（1873—1929），字卓如，一字任甫，号任公，又号饮冰室主人。清朝光绪年间举人，中国近代思想家、政治家、教育家、史学家、文学家。是中国近代维新派代表人物。他研究涉猎广泛，在哲学、文学、史学、经学、法学、伦理学、宗教学等领域均有建树，以史学研究成绩最显著，被公认为是清末优秀的学者，是中国历史上一位百科全书式人物，而且是一位能在退出政治舞台后仍在学术研究上取得巨大成就的人物。他一生勤奋，著述宏富，其著作合编为《饮冰室合集》。

【选文】

国也者，积民而成，国之有民，犹身之有四肢、五脏、筋脉、血轮也①。未有四肢已断，五脏已瘵②，筋脉已伤，血轮已涸，而身犹能存者；则亦未有其民愚陋、怯弱、涣散、混浊而国尤能立者。欲其国之安富尊荣，则新民之道不可不讲。——《新民说·叙论》

【注释】

①血轮：指目之两眦，为上下眼睑连接的部位。

②瘵：病。

【翻译】

国家，是由人民聚集在一起组成的，一个国家有了人民，就像一个人的身体有了四肢、五脏、筋脉和血轮。不会有断手断脚、五脏生病、筋脉受伤、血液循环停滞的人仍然能够好好地活在世上，也不会有一个国家的普通人全都愚昧无知、孤陋寡闻、胆小怯懦、窝囊无能、人心涣散、醉生梦死而这个国家仍然能够在世界上站稳脚跟。如果想让国家安定富强，对新时代人民的培养是不能不重视的。

【解读】

人民才是国家的根本和基础，只有安众养民，培根固本，才能治国宁邦，长治久安。梁启超十分重视国民的素质的提高，认为只有国民素质的提高才能使国家立于世界民族之林。因此在维新变法运动中大力发展教育，兴办新式学堂，废除科举制度等，梁启超的主张具有明显的时代进步性，对启发唤醒国民的思想觉悟起到了积极的作用。

「民本」故事

《尚书·五子之歌》云："皇祖有训，民可近，不可下，民惟邦本，本固邦宁。"这是中国历史上第一次明确提出"民惟邦本，本固邦宁"的概念。其意是说，人民是国家的主体，人民稳定了，国家才能安宁。同时，也承认了"民"是社会和国家物质财富的主要创造者，如果离开了他们，国计民生都无从谈起。这体现了对于百姓，只能亲近，不能轻贱；百姓是立国根基，根基稳固了国家才会安宁。面对亿万百姓要存戒惧之心，要有不可随意欺凌的执政理念。

从中国古代社会的政治实践中不难看出，民本思想是君主政治一服有效的清醒剂，是群臣谏诤君主的重要理论武器，也是知识分子一直追求的理想。可以说，在中国漫长的古代社会里，民本思想在某种程度上起到了稳定社会秩序的作用。

一、大禹治水

《山海经》是我国先秦古籍，也是一部充满着神奇色彩的著作，其内容无奇不有，无所不包，主要记述了古代神话、地理、物产、巫术、宗教、医药、民俗、民族等方面的内容，在其《海内经》一卷记有一则著名的关于治理上古大洪水的传说——鲧禹治水。鲧禹治水又称大禹治水，广受人们传颂。大禹，又名文命，字高密。他是黄帝的后代，也是中国古代最有名的治水英雄。

1. 接父遗志，不负众望

相传，在三皇五帝①时代，尧在位的时候，黄河流域发生了很大的水灾，庄稼被淹，房子被毁，老百姓只好往高处搬。不少地方还有毒蛇猛兽伤害人和牲口，人们的日子难以为继。尧召开部落联盟会议，商量治水的问题。他征求四方部落首领的意见：派谁去治理洪水呢？首领们都推荐鲧。

尧对鲧不大信任。首领们说："现在没有比鲧更强的人才啦，你试一下吧！"尧才勉强同意。鲧治水九年，未见成效。接管朝政的舜认为鲧消极怠工，拿这一艰巨的任务当儿戏，便革去了鲧之职务，将他流放到羽山。据《山海经·海内经》记载："洪水滔天，鲧窃帝之息壤以堙洪水，不待帝命。帝令祝融杀鲧于羽郊。"鲧因偷了天上能自行生长的叫息壤的土，而惹怒了天帝，天帝遂命令火神祝融将鲧处死在羽山郊区，鲧临死前嘱咐儿子禹一定要把水治好。

当时，主理朝政的舜面临的首要问题也是治水，他像尧一样征求大臣们的意见，看谁能治退这洪水。大臣们都推荐禹。禹虽然是鲧之子，但其德行能力都远超其父，且为人谦逊，待人有礼，做事

---

① 三皇五帝：含义有二：1. 指历史人物。三皇，指天皇伏羲、地皇神农、人皇轩辕。五帝，指金帝颛顼、木帝帝喾、水帝尧、火帝舜、土帝大禹。三皇五帝，并不是真正的帝王，仅仅是原始社会中后期出现的为人类作出卓越贡献的部落首领或部落联盟首领，后人追尊他们为"皇"或"帝"。人民把他们敬为神灵，以各种美丽的神话传说来宣扬他们的伟大业绩。2. 指历史时期。即"三皇五帝时代"，又称"上古时代""远古时代"或"神话时代"。

认真，生活也非常俭朴。舜并不因他是鲧的儿子而轻视他，而是很快把治水的大任交给了他。禹有一颗善良的心，他虽"伤先人父鲧功之不成受诛"，但并不因他的父亲被处死就怀恨在心，而是欣然接受了这一任务，决心继承父亲的遗志，治理洪水，拯救黎民。

考虑到这一任务的特殊性，舜又派了伯益和后稷两位贤臣协助禹。禹带领着伯益、后稷和一批助手，跋山涉水，风餐露宿，走遍了当时中原大地的山山水水。穷乡僻壤、人迹罕至的地方都留下了他们的足迹。禹沿途看到无数百姓因洪水而流离失所。一提到治水之事，相识的和不相识的人都会向他献上最珍贵的东西，他都婉言谢绝了，但是他深切地感受到百姓们浓浓的情意，这更坚定他的决心和信心。

禹不负众望，他吸取了父亲采用堵截方法治水的教训，改变了父亲的做法，制定了一条切实可行的方案：一方面加固和继续修筑堤坝，另一方面，用"疏导"的办法根治水患。禹亲自率领治水群众，全面疏导洪水。他发明了一种疏导治水的新方法，其要点就是疏通水道，使水能够顺利地东流入海。他带领群众凿开了龙门，挖通了9条河，使洪水沿着新开的河道顺利地流入大海。

2. 不辞劳苦，亲力亲为

在大禹治水的过程中，留下许多感人的事迹。他除了指挥外，还参加劳动，为群众做出了榜样。他和百姓一起劳动，戴着箬帽，拿着锹子，带头挖土、挑土。禹的脚常年泡在水里连脚跟都烂了，只能拄着棍子走。在艰辛的日日夜夜里，禹的脸晒黑了，人累瘦了，甚至连小腿肚子上的汗毛都被磨光了，脚趾甲也因长期泡在水里而脱落，但他还在劳动着、指挥着。生活上禹也是极其俭朴，他住在很矮的小茅草屋里，吃得比一般百姓还要差。但是在水利工程上他又是最肯花钱的，每当治理一处水患而缺少财力时，他都尽力去争取。禹为了治水，到处奔波，三次经过自己的家门，都没有进去。第一次，妻子生了病，没进家去看望。第二次，妻子怀孕了，也没进家去看望。第三次，妻子涂山氏生下了儿子启，婴儿哇哇地哭，禹正从门外经过，听见了哭声，但一想到治水任务之艰巨，大禹只得向家中茅屋行了一个大礼，还是忍住没有进去探望，含泪而去。《华阳国志·巴志》云："禹娶于涂，辛、壬、癸、甲而去，生子启呱呱啼不及视，三过其门而不入室，务在救时，今江州涂山是也，帝禹之庙铭存焉。"

3. 治水有方，千古流传

大禹治水后将天下分为九州，乃冀州、青州、徐州、兖州、扬州、梁州、豫州、雍州、荆州。他将整个中国的山山水水当作一个整体来治理，先治理九州的河流土地，该疏通的疏通，该平整的平整，使得大量的土地变得肥沃。然后又治理了山陵，经他治理的山有岐山、荆山、雷首山、太岳山、太行山、常山、砥柱山、碣石山、太华山、大别山等，通过修山疏通水道，使得水能够顺利往下流去，不至于堵塞水路。山路治理好以后，他就开始理通水脉，长江以北的大多数河流都留下了他治理的痕迹。

大禹治水才能过人，在治水过程中，最艰巨的工程是开凿龙门。龙门山是黄河中游的一座大山，它堵塞了河水的去路，把河水挤得十分狭窄。奔腾东下的河水受到龙门山的阻挡，常常溢出河道，闹起水灾。禹到了那里，观察好地形，带领人们开凿龙门，巧妙地把这座大山凿开了一个大口子，这样，河水就畅通无阻了。相传，每到春季的时候，黄河里的金色鲤鱼从百川汇集到大禹开凿的龙门，那些能够在壶口大瀑布湍急的水流中跃过龙门的鲤鱼，就会化为龙，升天而去。大禹开凿龙门不仅完成了一项重要的水利工程，而且在中华神传文化中留下了"鲤鱼跳龙门"的美丽传说。

大禹治水13年，正是在他的手下，咆哮的黄河水失去了往日的凶恶，驯服而平缓地向东流去。在治水的同时，大禹和治水的大军还帮助老百姓重建家园，修整土地，恢复生产，使人民过上安居乐业的生活，完成了流芳千古的伟大业绩。对于大禹的功绩，人民歌颂他，感谢他，怀念他，尊他为"禹神"，当时人们把整个中国叫"禹城"。在浙江省绍兴市会稽山门外，人们修建了夏禹的陵墓——禹陵，以纪念他的丰功伟绩。禹陵旁有一座禹王庙，气势雄伟，古木参天。

大禹是治理洪水的最高指挥官，但他为了天下万民兴利除害，躬亲劳苦，手执工具，与百姓一起栉风沐雨，同洪水搏斗。大禹治水在中华文明发展史上起着重要作用。在治水过程中，大禹依靠艰苦奋斗、因势利导、科学治水、以人为本的理念，克服重重困难，终于取得了治水的成功。由此形成以公而忘私、民族至上、民惟邦本、科学创新等为内涵的大禹治水精神。大禹治水精神是中华民族精神的源头和象征。

二、盘庚迁殷

《尚书》是中国第一部古典文集和最早的历史文献，它以记言为主，是中国上古历史文献和部分追述古代事迹著作的汇编。该书阐明仁君治民之道，还阐明贤臣事君之道。《尚书》最早记载了商王盘庚迁殷的故事，盘庚，子姓，名旬，是汤的第十世孙，祖丁的儿子，继承哥哥阳甲的地位，是商朝的第二十位君王，也是商朝一位很有作为的君主。盘庚迁殷是发生在商朝中期的一次历史事件，是指盘庚即位后，为了挽救政治危机，为了百姓福祉，决定迁都于殷，遂对殷民谆谆告诫的故事，体现了盘庚重民的民本思想。

1. 天灾加人祸，哀民生之艰

相传，盘庚即位时，商朝经过九世之乱，政治制度十分腐败，贵族腐化奢侈，阶级矛盾尤为尖锐。在奴隶主与奴隶之间，奴隶们不堪忍受折磨大批逃亡；在统治者之间，对王位的争夺也十分激烈，有的人说应当父死子继，有的人说应当兄终弟及。叔侄之间、兄弟之间，为争夺王位，常常展开你死我活的斗争。生活环境也是天灾不断，黄河下游常常闹水灾，有一次发大水，把都城全淹没了，面对这样频繁的天灾人祸，唯有搬家才得以生存。盘庚是个很有智慧的人，他看到这种情况，觉得国家不能再照老样子维持下去了，应当想出一个根除弊病的办法来解决这些问题，挽救商朝的衰亡。他想出来的办法，是把都城迁到殷。可是，大多数贵族贪图安逸，没人愿意搬迁。一部分有势力的贵族还煽动平民起来反对，搬迁的事情因此闹得很厉害。盘庚于是作了三次演讲，极言迁都的好处、不迁的害处，等等。他耐心相劝，谆谆诱导以说服臣民。他关于重民的民本思想也集中体现在为迁都殷而发表的三次演讲中。

2. 三次演讲，谆谆劝诫

面对有一部分大臣不仅不支持迁都，还煽动平民也不迁都的情况，盘庚把一些贵戚近臣召集起来进行教导，发表了第一次演讲。盘庚在这次演讲中说道："汝克黜乃心，施实德于民，至于婚友，丕乃敢大言汝有积德。"他教导贵戚近臣要心系百姓安危，抛却私心，事事为百姓着想，给予百姓一些实实在在的好处，要把迁都的原因、思想正确无误地传达给百姓，切不可谣言恐吓和煽动百姓反对迁都避祸。谈话中，盘庚借助祖先执政的历史经验来动员臣民，要团结起来，共同一心，去创造更好的生活。盘庚回忆了先王的治理是为了人民大众的利益，迁移是为了更安乐的生活，用现代话来说，就是提高生活质量。由于地理环境不适宜人们居住，长期居住在这里只会越来越贫困，那么与其困在这里，倒不如赶紧迁移出去，寻找更好的地方。他追述先王的迁徙，告诉大臣迁都对整个邦国是有益的，如今的子民流离失所，就是因为环境的改变，所以作为君臣也要适应环境而改变，从而拯救子民，造福子民，他希望大臣们能理解他的爱民忧民之心。他的话痛心疾首，发自肺腑，是民本思想的最初显露。

盘庚在对近臣贵戚发表第一次演讲后，把那些不服从迁移命令的近臣和百姓召集起来进行耐心说服，发表了第二次演讲。盘庚用诚恳的态度劝导他们："古我前后，罔不惟民之承保，后胥戚鲜，以不浮于天时。""承汝俾汝，惟喜康共，非汝有咎，比于罚。予若吁怀兹新邑，亦惟汝故，以丕从厥志。""今予将试以汝迁，安定厥邦。""予迓续乃命于天，予岂汝威？用奉畜汝众。"盘庚这一次演讲口气已大不一样。对臣僚，他语气委婉，循循善诱，即使是责怪，也是愠而不怒。对臣民，他显出了领袖的姿态，口气强硬坚决，以断子绝孙相要挟，以新的永久家园为诱惑，不容有叛逆。第二次演讲通篇贯穿了迁都为民、使民安居乐业、避灾躲祸的思想，提出了顺应天意民心，帮助、养育百姓的民本思想观念。

　　盘庚用软硬兼施的手段，终于完成了迁都的计划，可是斗争并没有结束。老百姓到了一个新地方，好多地方不适应，就闹着要回老家。贵族就乘机捣乱，煽动大家搬回老家去，盘庚遂发表第三次演讲。他用强硬的态度，毫不妥协地警告贵族不要捣乱，否则必遭严惩。同时对百官进行告诫："无戏怠，懋建大命。""予其懋简相尔，念敬我众。朕不肩好货，敢恭生生？鞠人、谋人之保居，叙钦。今我既羞告尔于朕志，若否，罔有弗钦。无总于货宝，生生自庸。式敷民德，永肩一心。"盘庚第三次演讲的重点是安抚百姓情绪，并劝诫百官不要贪图嬉戏游乐，也不要疏懒怠惰，要克勤克俭，不要贪婪聚财，要体恤民情，恭谨从政，率领民众共建家园，努力完成重建家园的重大使命。同时他指出：你们要想想自己的职责，我将认真考察你们照拂民众而取得的政绩，我不会任用贪财好货之辈，而只会任用努力帮助百姓的人。凡是能够养育百姓并使百姓安居乐业的人，我都要根据他们政绩的大小而给予他们应得的敬重。最后还告诫：不要聚敛财宝，要努力为帮助百姓谋生而建功立业。盘庚的这些施政方针，体现了他的"保民"思想。从此，商朝的都城永久地固定在殷城，由于盘庚的治理，商朝在政治上比较稳定，社会经济和文化也有了更大的发展。

盘庚的三次演讲，所强调的一个主题就是为了人民的利益。由于水患频发，商原所在地已不适应人居住，为人民利益考虑，盘庚才决定迁都。如果不为人民的利益，盘庚也可以不迁都，只要把朝廷城池加高加固，盘庚仍可乐在其中。但人民丧失了土地，就会流离失所，无家可归。所以盘庚力排众议，反复劝诫百官，终于得以迁都，百姓也终得安居乐业。

三、周公敬天保民

"敬天保民"的思想是由殷周时期周公提出的，这是商周之际特定的历史条件下的产物，也是周初期的政治和治国方针。周公在辅佐武王伐纣的过程中看到了人民的力量，因此，在他摄政7年中坚持"敬天保民"的思想。

周公，姓姬名旦，因其采邑在周，爵为上公，故称周公。他辅助武王伐纣，建立礼制，其一生的功绩可被概括为："一年救乱，二年克殷，三年践奄，四年建侯卫，五年营成周，六年制礼作乐，七年致政成王。"贾谊评价周公："孔子之前，黄帝之后，于中国有大关系者，周公一人而已。"

1. 平定叛乱，奠定东南

周文王时，周公就很孝顺、仁爱。受封后，他没有到封国去而是留在王朝，辅佐武王，为周安定社会，建立制度。武王崩，又佐成王摄政。据《曲阜县志》记载："武王十三年定天下，封公于少昊之墟曲阜，公不就封，留相武王，成王即位，命世子伯禽就封于鲁。"新建立的周王朝面临严重的困难，商朝旧贵族们准备复辟，而周公辅政，又有违于王位世袭制中父死子继的原则，引起周室集团内部的矛盾。结果残余势力即与周室内部的反叛势力勾结起来，他们的代表是纣王子武庚与管叔、蔡叔等人。结果周公东征平定三监之乱，灭五十国，奠定东南，归而制礼作乐。

2. 告文康叔，安定殷民

周公制礼，着眼点不限于诸侯，他较多关注下层庶民。在平三监之乱后，周公封胞弟康叔于商都朝歌。为了巩固周朝的统治，周公先后发布了各种文告，总结了夏殷的统治经验后，制定了各种政策。

他告诫年幼的康叔：商朝之所以灭亡，是由于纣王酗于酒，淫于妇，以至于朝纲混乱，诸侯举义。他嘱咐说："你到殷墟后，首先要去访问那里的贤人长者，向他们讨教商朝前兴后亡的原因；其次务必要爱民。"周公又把上述嘱言，写成《康诰》《酒诰》《梓材》三篇文告，并作为法则送给康叔。周公给予康叔文告的原因，一是康叔统治的是殷人腹心地带，问题最尖锐复杂；二是周公首先征服的是三监反周所据的殷人集中的地方。《康诰》《酒诰》《梓材》可以看作是周公对新征服地区的施政纲领。三篇的主旨是"敬天保民""明德慎罚"，为的是使殷民在连续两次大动荡之后安定下来，使殷民从事正常的农业生产和商业活动。但又不是一味迁就，对饮酒成风、不孝不友是毫不客气的。康叔到殷墟后，牢记周公的叮嘱，生活俭朴，爱护百姓，使当地吏民安居乐业。

《康诰》的目的是安定殷民，全篇内容不外是"明德慎罚"。周文王因为"明德慎罚，不敢侮鳏寡"才有天下。殷代"先哲王"也是安民、保民。"明德"的具体内容之一就是"保殷民"。"慎罚"，是依法行事，其中包括依据殷法的合理成分。刑罚不可滥用，有的案情要考虑五六天或十来天，才能判定。至于杀人越货、"不孝不友"的，要"刑兹无赦"。文告中反复强调"康民""保民""裕民""庶民"。告诫康叔要勤勉从事，不可贪图安逸。"天命"不是固定不变的，能"明德慎罚"才有天命。"明德慎罚"也不是一切照旧，而是参酌殷法，推行周法，使殷人"作新民"。

《酒诰》是针对殷民饮酒成风而发的。酿酒要用去大量粮食，这种饮酒风习在以农业起家的周人看来，简直无法容忍。周公并非完全禁酒，在有祭祀庆典的时候还是可以喝一点。但群饮却不可放过，要通统捉来"以归于周""予其杀"。"予其杀"是"我将要杀，未必杀"。所以"以归于周"，是不要给殷人以像"小子封刑人杀人"的印象。这同"保民""安民"是一致的。应该引导殷民去"艺黍稷"，即种庄稼，也可"肇牵牛车远服贾"，去经商养父母。殷代先王，从成汤至帝乙都不敢"自暇自逸"，更何况聚会饮酒了。至于工匠饮酒则另当别论，不会杀，姑且先进行教育。在政策上区别对待是十分鲜明的。

《梓材》仍是提倡"明德"，反对"后王杀人"。至于民众之间，也不要相残害，相虐待，乃"至于敬寡，至于属妇，合由以容"。上上下下不虐杀而"敬寡"，而"合由以容"，自然会出现安定的局面。这种局面的形成不是轻易可以得到的，要像农民那样勤除草，整地，修整田界水沟；像维修居所那样，勤修垣墙，壁上涂泥，顶上盖草；又如同匠人治器，勤事修斯，再涂上黑漆和红漆。总之，勤用明德、保民，才能"万年惟（为）王"。

这三篇贯穿一个基本思想是安定殷民，不给殷民一个虐杀的形象，处罚要慎重，要依法从事。至于改造陋习——酗酒，一是限制，二是引导，三是区别对待。作为统治者，要勤勉从事。

3. 矜怜顽民，明德慎罚

《康诰》《酒诰》《梓材》是周公对被征服地区的政治方略，而《多士》是对待迁到洛邑的殷顽民的政策。洛邑建成之后，这批建城的殷顽民如何发落，自是摆在日程上的问题。《多士》是周公向殷顽民发布的文告。全文分作两大段。第一段是攻心，让殷顽民服从周人统治。理由是你们这些殷士不好，上天把大命给了我"小邦周"，决不是我"敢弋殷命""敢求位"。这如同你先祖成汤取代不道的夏桀一样，也是"上帝不保"夏桀。我把你们从"天（大）邑商"迁到西土，不要怨我，我是矜怜你们的，这也是天命所在。第二段内容是宣布给以生活出路，让他们就地安居，有你们的田地，有你们的住宅，"尔乃尚有尔土，尔用尚宁干止"。如果你们能顺从听命，有德，还会被任用。上天会可怜你们，否则，不但你们会失去土地，而且我还会把上天的处罚加在你们身上。

4. 礼贤下士，天下归心

周公唯恐失去天下贤人，洗头时，曾多回握着尚未梳理的头发接待贤士；吃饭时，亦数次吐出口中食物，迫不及待地去接待贤士。这就是成语"握发吐哺"的典故。周公无微不至地关怀年幼的成王，有一次，成王病得厉害，周公很焦急，就剪了自己的指甲沉到大河里，向河神祈祷说："今成王还不懂事，有什么错都是我的。如果要死，就让我死吧。"成王果然病好了。周公摄政7年后，成王已经长大成人，于是周公归政于成王，自己回到大臣的位子。

后来，有人在成王面前进谗言，周公就逃到楚地躲避。不久，成王翻阅库府中收藏的文书，发现在自己生病时周公的祷词，为周公忠心为国的品质感动得流下眼泪，立即派人将周公迎回来。周公回周以后，仍忠心为王朝操劳。周公辅佐武王、成王，为周王朝的建立和巩固作出了重大贡献。特别是他在受成王误解以后，仍忠心耿耿，为周王朝的发展呕心沥血，直至逝世，终于天下大治。周公临终时要求把他葬在成周，以示不离开成王的意思。成王心怀谦让，把他葬在毕邑，在文王墓的旁边，以示对周公的无比尊重。

四、孟子：得道多助，失道寡助

《得道多助，失道寡助》，出自《孟子·公孙丑下》，指站在正义、仁义方面，会得到多数人的支持帮助；违背道义、仁义，必然陷于孤立。文章通过对"天时""地利""人和"这三者加以比较，层层递进，论证了"天时不如地利，地利不如人和"的道理。

孟子，名轲，字子舆，邹（今山东邹城市）人，战国时期著名的思想家、教育家，儒家学派的代表人物，与孔子并称"孔孟"。代表作有《鱼我所欲也》《得道多助，失道寡助》和《生于忧患，死于安乐》。后世追封孟子为"亚圣公"，尊称为"亚圣"，其弟子及再传弟子将孟子的言行记录成《孟子》一书，属语录体散文集，倡导"以仁为本"。

1. 忠言献策，以仁为本

有一次孟子和梁惠王谈论治国之道。孟子问梁惠王："用木棍打死人和用刀子杀死人，有什么不同吗？"

梁惠王回答说："没有什么不同的。"

孟子又问："用刀子杀死人和用政治害死人有什么不同？"

梁惠王说："也没有什么不同。"

孟子接着说："现在大王的厨房里有的是肥肉，马厩里有的是壮马，可老百姓面有饥色，野外躺着饿死的人。这是当权者在带领着野兽来吃人啊！大王想想，野兽相食，尚且使人厌恶，那么当权者带着野兽来吃人，怎么能当好老百姓的父母官呢？孔子曾经说过，首先开始用俑（古时陪同死人下葬的木偶或土偶）的人，他是断子绝孙、没有后代的吧！您看，用人形的土偶来殉葬尚且不可，又怎么可以让老百姓活活地饿死呢？"

根据孔子"始作俑者，其无后乎"这句话，后人将"始作俑者"引为成语，比喻第一个做某项坏事的人或某种恶劣风气的创始人。

2.周游列国，造福百姓

孟子身处战国时代，当时诸侯王国都采取合纵连横之计，远交近攻。

战争连年不断，可苦了各国的老百姓。孟子看了，决定周游列国，去劝说那些好战的君主。孟子来到梁国，去见了好战的梁惠王。梁惠王对孟子说："我费心尽力治国，又爱护百姓，却不见百姓增多，这是什么原因呢？"

孟子回答说："让我拿打仗作个比喻吧！双方军队在战场上相遇，免不了要进行一场厮杀。厮杀结果，打败的一方免不了会丢盔弃甲，飞奔逃命。其中一个兵士跑得慢，只跑了五十步，却去嘲笑跑了一百步的兵士是'贪生怕死'。"

孟子讲完故事，问梁惠王："这对不对？"梁惠王立即说："当然不对！"孟子说："你虽然爱百姓，可你喜欢打仗，百姓就要遭殃。这与五十步笑百步同样道理。"

孟子之所以周游列国，主要是因为在战国时代百家争鸣，游说之风十分盛行。一般游说之士，不但有高深的学问、丰富的知识，而且还能用深刻生动的比喻来讽劝执政者。孟子也是当时的一个著名辩士，在《告子上》中有这样一段记载：

孟子对齐王的昏庸、做事不能坚持、轻信奸佞谗言很不满，便不客气地对他说："王也太不明智了，天下虽有生命力很强的生物，可是你把它在阳光下晒了一天，又放在阴寒的地方冻十天，它哪里还活得成呢！我跟王在一起的时间是很短的，王即使有了一点从善的决心，可是我一离开你，那些奸臣又来哄骗你，你又会听信他们的话，叫我怎么办呢？"接着，他又讲了一个生动的故事："下棋看起来是件小事，但假使你不专心致志，也同样学不好，下不赢。弈秋是全国最善下棋的能手，他教了两个徒弟，其中一个专心致志，认真听弈秋的指导；另一个却老是盼着有天鹅飞来，准备用箭把它射下来。两个徒弟是一个师傅教的，一起学的，然而后者的成绩却差得很远。这不是他们的智力有什么区别，而是专心的程度不一样啊。"这是一个在教学上很有意义的故事，我们要学习一样东西、做好一件事情，是非专心致志、下苦功夫不可的。若是今天做一些，把它丢下了，隔十天再去做，那么事情怎么做得好呢？求学、做事情能否成功，坚持、专心致志也是决定因素，故人们用"一日曝之，十日寒之"来比喻修学、做事没有恒心，作辍无常。后此成语精简成"一曝十寒"。孟子想告诉齐王的是：为君者应该谨记一曝十寒的道理，造福国家和百姓。

另外一则故事说的是某日梁惠王与孟子一同闲聊。

梁惠王说："晋国是天底下最强的城邑。但是到了我这代，不仅东面战败于齐国，长子死于战争，且西面丧失了七百里疆土给秦国，如今南面又受辱于楚国。我对此感到耻辱，想要为死者来洗刷所有的仇恨，但是如何才可以办到呢？"

孟子答道："拥有方圆百里的土地就能称王天下。大王如能对民众施行仁政，减省刑罚、薄敛赋税、深耕土壤、清除杂草；青壮年在空闲时修习孝悌忠信的道理，在家里用这些来侍奉父兄，出外用这些来侍奉尊长，就能使他们拿着木棒来打击秦楚的坚甲利兵了。那些国家侵夺民众的农时，使他们不能耕种农田来养活自己的父母，父母挨冻受饿，兄弟妻儿离散。那些国家虐害自己的民众，大王去讨伐他们，谁能和大王对抗？所以说仁者是无敌的，希望大王不要犹豫。"

孟子一直坚持"民贵君轻"的思想，并一直以此游说列国，他始终相信"得道多助，失道寡助"，即使拥有天时与地利，也不及人和。

五、墨子止楚攻宋

墨子，名翟，战国初期宋国人，一说鲁阳人，一说滕国人。墨子是宋国贵族目夷的后代，曾担任宋国大夫。他是墨家学派的创始人，战国时期著名的思想家、教育家、科学家、军事家，也是中国历史上唯一一个农民出身的哲学家。

墨子创立了墨家学说，墨家在先秦时期影响很大，与儒家并称"显学"。他提出了兼爱、非攻、尚贤、尚同、天志、明鬼、非命、非乐、节葬、节用等观点。以兼爱为核心，以节用、尚贤为支点。墨子在战国时期创立了以几何学、光学为突出成就的一整套科学理论。在当时百家争鸣的时代，有"非儒即墨"之称。墨子死后，墨家分为相里氏之墨、相夫氏之墨、邓陵氏之墨三个学派。其弟子根据墨子生平事迹，收集其语录，完成了《墨子》一书，其中记载了墨子"止楚攻宋"的故事。

1. 兼爱非攻，互爱互利

兼爱和非攻是墨家的重要思想。其中，兼爱是墨家学派的主要思想观点，其他非攻、节用、节葬、非乐等主张，也都是由此而派生出来的。兼爱便必须非攻，非攻即反对攻战，即"大不攻小也，强不侮弱也，众不贼寡也，诈不欺愚也，贵不傲贱也，富不骄贫也，壮不夺老也。是以天下庶国，莫以水火毒药兵刃以相害也"。当然，非攻并不等于非战，而是反对侵略战争，很注重自卫战争。自卫是反侵略的一个重要组成部分，不自卫就等于不反侵略。兼爱是大到国家之间要兼相爱交相利，小到人与人之间也要兼相爱交相利。只有兼爱才能做到非攻，也只有非攻才能保证兼爱。

2. 劝楚未捷，誓死保宋

公元前440年，楚国磨刀霍霍，准备利用鲁班制造的云梯等攻城器械攻打宋国。墨子听到消息后，一面派弟子禽滑厘等300余人带着守城器械赶赴宋国，帮助宋国做好防御准备；一面置个人生死于不顾，从鲁国出发长途跋涉到楚国去说服楚王停止侵略战争。

　　墨子一路上昼夜兼程，风餐露宿。脚磨破了，撕块衣裳裹起来再走，奔波了十天十夜，终于来到楚国都城。他见了楚王后，先用打比方的方式喻示楚宋两国富贫差别之大，不可以强欺弱、以富侮贫。墨子说："现在有一个人，他自己有装饰漂亮的车子，还去偷邻居家破烂不堪的车子；他自己有锦缎绣衣，还去偷邻居家破旧衣衫；他自己有精美肉食，还去偷邻居家粗劣糠菜。这算是什么人呢？"楚王说："这个人一定是犯了偷窃的毛病。"墨子接着就很不客气地说："我听说您准备攻打宋国，与这个犯偷窃毛病的人有什么两样呢？如果攻打宋国，您必定失去了'义'而得不到宋。"他指出了楚王去攻打宋国是以大凌小，以强欺弱，就像那个盗窃成性的盗贼一样，去窃取邻国的破车、粗衣、恶食，属于不义的行为。一席话说得楚王犹豫不决。

　　过了一会儿，楚王说："鲁班已为我造好了攻城的器械，我还是想去攻打宋国。"于是墨子解下身上的革带当作城池，用一些小板当守城的器械，当着楚王的面与鲁班模拟了一场攻守械斗。鲁班用云梯、撞车、飞石等九次展示攻城之机变，墨子九次进行了成功的抵抗。鲁班器械用尽，而墨子防守有余。最后，鲁班"战败"。鲁班说："我知道怎样对付你了，可是我不说出来。"墨子说："我知道你怎样对付我，我也不说出来。"楚王莫明其妙地问道："你们这是什么意思？"墨子说："鲁班不过要大王杀掉臣，认为宋国就没法守城了。其实，我的弟子300多人已经到宋国做好守城的准备了。您即使杀了我，楚国也打不了胜仗。"这番话使得楚王知道取胜无望，便放弃了攻打宋国的计划。

墨子救宋的故事，是墨子及其弟子以勇敢与智慧成功地制止大国进犯小国，是墨家学派兼爱、非攻、酷爱和平思想主张的具体实践，充分体现了墨子"不战而屈人之兵"的光辉军事思想。

六、楚怀王雪中送炭

雪中送炭是很常见的一个成语，意为在下雪天给人送炭取暖，比喻在别人急需时给以物质上或精神上的帮助。南宋时期，著名诗人范成大一生写了许多脍炙人口的诗歌，晚年退居故乡石湖，自号石湖居士，他的著作被编为《石湖居士诗集》，其中有一首《大雪送炭与芥隐》诗："不是雪中须送炭，聊装风景要诗来。"雪中送炭一词便出于此。

但"雪中送炭"一词最初是源于一位颇具争议的古代君王，此人即中国古代历史上著名的楚怀王。楚怀王，芈姓，熊氏，名槐。是战国后期楚国国君，楚威王之子，楚顷襄王之父。

1.三战败走，备受争议

怀王在历史上是一个昏君的形象。楚国本来是战国七雄中的强国，拥有强大的国力，但楚怀王贪婪成性，屡次误中秦国相张仪的阴谋，得不偿失，本是齐国的坚定盟友，却背齐投秦，把楚国的国力耗尽，终于身死异国。他在位时利令智昏，任用佞臣令尹子兰、上官大夫靳尚等人，宠爱南后郑袖，排挤左徒大夫屈原等忠臣良将，致使国事日非。公元前313年，秦国相张仪欺骗楚怀王，要其断绝与齐国长年友好之交，换取秦国割让六百里商於膏腴之地。楚怀王轻易中计，刚愎自用地与齐国断交后却只得了六里地。楚怀王恼怒不已，即发兵进攻秦国，却被魏章大破于丹阳。楚怀王再召集全国的部队，发动进攻，又惨败于蓝田。公元前311年，秦国攻取召陵。楚三战皆败，走向没落的道路。

2. 雪中送炭，怜民爱民

楚怀王虽干过不少错事，但也做过很多好事。他是一位有血有肉、性格比较丰满的历史人物，不能只简单地用一个"好"或"坏"字评价他，我们要持辩证的眼光看待他。楚怀王虽然是一个昏君，但他也有作为且爱民的一面。"雪中送炭"这样一个美好的典故就是源于他。

据说，有一年楚国正值岁末，都城附近都下起了鹅毛大雪，楚国大地呈现一片天寒地冻的景象。楚怀王身在王宫，却连连叫冷，于是，他赶忙叫人在宫殿里点上炉火，炉火烧得很旺，但即使这样，他仍然觉得不暖和，于是又穿上了厚厚的皮袄，可他还是觉得身上发冷，直打寒战。

几个寒战过后，他望着窗外飘落的大雪，突然之间陷入沉思，竟产生了设身为民的想法。他想到自己的臣民当下的受冻处境。他想：我把炉火烧得这么旺，身上穿着这么厚的皮袄，仍感觉这么冷。那我的子民呢？他们有的家徒四壁，既没有炉火烤，又没有厚的皮袄穿，岂不是冷得更是难以忍受吗？

想到这些，楚怀王慷慨地颁布指令，楚国所有的贫困百姓以及到楚国来游玩的人们，都可以得到免费提供的柴炭来取暖，并命人给都城附近所有贫苦百姓送去。人们得到君王送来的柴炭后，高兴得不得了，也非常感动，十分感激楚怀王的爱民之心，都称赞他是好国王。这就是"雪中送炭"典故的由来。

楚怀王在大雪纷飞的时候，命人将炭送到了贫穷百姓的家中，让百姓们能平安过冬。由这个小故事可以看出，楚怀王在爱民方面确实有一定的举措。公元前296年楚怀王忧郁成疾，命丧咸阳后，秦国把楚怀王的遗体送还楚国，"楚人皆怜之，如悲亲戚"，一个国君的去世，让国民如此悲痛，世上罕见，可见楚怀王爱民之切，受民爱戴之深。

七、刘项之争

"得民心者得天下，失民心者失天下"，是一句人所共知的古老格言。该格言出自《孟子·离娄上》："得天下有道：得其民，斯得天下矣；得其民有道：得其心，斯得民矣；得其心有道：所欲与之聚之，所恶勿施，尔也。"其意为：要想取得最高统治权，获得整个天下是有办法的，那就是获得民众的支持拥护就可以得到天下了；要想获得民众的支持拥护是有办法的，那就是获得民心就可以得到民众；要想获得民心是有办法的，民众所需要的，就给予他们，反对的不要给予。

自古得民心者得天下，这样的历史事例不胜枚举，其中最有名的是刘项之争。刘项之争发生于汉高帝元年（前206年）八月至五年（前202年）十二月，是刘邦、项羽为争夺政权进行的一场大规模战争。

1. 项强刘弱，以弱胜强

秦末时期，项羽趁乱起兵，依靠自己的军事天才和贵族的优势成为各个反秦独立势力中最强大的一个。项羽是一个力拔山、气盖世、近古以来未尝有的英雄，他是楚国的贵族，是推翻秦王朝的功臣之一。在灭秦战争中，项羽战无不胜，攻无不克。并且，项羽力大无穷，身材高大，这在注重外表的古代更容易取得威信。而另外一个势力是刘邦，刘邦则是个贫民、流氓，是一个酒色之徒，没有打过几次胜仗，也没有攻克过几座城池。此人从小不学无术，游手好闲，而且用语粗俗，根本没有王者风范。

刘邦、项羽都是名载史册的英雄。秦亡之时，项羽握兵四十万，而刘邦仅十万，实力远不及项羽。可刘项相争，前者成就了千古霸业，而后者却无奈乌江自刎。有着压倒性军事优势的项羽为何会输给一介草民刘邦？这听起来令许多人深思不解，项羽究竟为何会在刘项相争中败下阵来呢？

2. 得道多助，失道寡助

据史料记载，项羽入咸阳，屠咸阳，杀子婴，焚宫室，血洗关中，收其货宝妇女而东。他残暴无道，在打仗过程中，不仅杀光所有敌人，还杀光城里所有男丁。在初期取得成功以后，随便屠杀诸侯，还杀死了各路义军的总统帅——楚怀王。他对民众苛刻，连

投降的四十万秦朝士兵都杀得一个不剩。这样残暴的手法着实让天
下人痛恨和害怕。他对谋士的建议也是充耳不闻，刚愎自用。最
终，项羽因为残暴不仁而众叛亲离，所有的军队在一夜之间都离他
而去。项羽被刘邦彻底打败，长叹一声"天亡我也"，而后自刎乌
江，以悲情英雄黯然收场。

而刘邦从小过平民生活，爱惜民力，对人宽厚，高瞻远瞩，看
清社会潮流和民心所向，识大局、懂大理、顺应民心，敢于前行。
而且，他知道自己没有太大本事，所以十分尊重人才，对投降士兵
愿意留下的就收编，不愿意的就让他们回家。这就得到了许多人的
帮助和拥护。秦朝末年，秦二世残暴，天下苦秦已久。秦失其鹿，
天下逐之。各诸侯王群起夺之，烽烟再起，百姓流离失所，哀鸿遍
野，天下百姓无不渴望和平。他深刻了解几百年的诸侯战争，特别
是"苦秦苛法"给人们带来的深重灾难。他懂得"得民心者昌，失
民心者亡""得民心者得天下，失民心者失天下"的道理，便毅然
加入了"诛暴秦、伐无道"的农民起义的行列，大胆地放走了刑
徒，"斩蛇起义"，并对人民"诸所过，毋得掠卤"，"秦人喜、
秦军解，因大破之"，连投降的秦王子婴也不加害。领军进驻咸阳
后，并不贪图享受，而是约法三章，"乃封秦重宝财物府库，还军
霸上。召诸县父老豪杰曰：'父老苦秦苛法久矣，诽谤者族，偶语
者弃市。吾与诸侯约：先入关者王之。吾当王关中，与父老约法三
章耳：杀人者死，伤人及盗抵罪。余悉除去秦法。诸吏人皆案堵如
故。'"坚守这些措施，使他深得人民拥护。由于秦官吏都能"案
堵如故"，故而他也得到旧官吏的拥护，因为不论是官是民，其心

理都得到适当的平衡，而且不是强权压制所为，故"秦人大喜，惟恐沛公不为秦王"，并"争持牛羊酒食献飨军士"。

在长达5年的战争中，刘邦虽然多次失败，但是仍然不断得到群众的支持，所以能够不断地反扑。他善于用人，顺应民心，采取恩威并施、安抚宽容的政策，很快赢得各地诸侯的支持，最终因为得到全国人民爱戴而最终登基称帝，开创了统治中国长达400余年的汉朝。

刘邦是中国历史上为数不多的平民皇帝，白手起家，直达至尊。刘邦之所以能够成就大业，不仅由于他的知人善用，而且与他的"仁德"、顺应民心是分不开的。正所谓"未心怀天下，何得天下之心；未得天下之心，何得天下之业？"刘项之争，不在智，不在勇，而在民心。

八、汉文帝修改律法

西汉初年，以周勃为首的老臣剿灭了吕氏一门，而后他们从代国迎来了刘恒做皇帝，这就是史上的汉文帝。在西汉的诸多皇帝里，汉文帝可以说是一个忠厚长者的形象，他即位后，励精图治，爱护百姓，体贴臣子。汉文帝在位期间，执行与民休息和轻徭薄赋的政策，并体民之苦，废除了连坐制与诽谤罪。汉文帝深受百姓爱戴，使汉朝从国家初定走向繁荣昌盛的过渡时期，开创了历史上著名的"文景之治"。

1. 开导群臣，废除恶法

公元前179年汉文帝即位后第三个月，在熟悉了朝廷政务后，他施行的第一个措施，便是发布了"尽除收帑相坐律令"的诏书。"连坐法"是战国时由秦国重臣商鞅发明创造的，主要内容是：如果一个人违反了法律，若是亲人、邻居没有举报，那么亲人、邻居都要跟着遭殃。如果旅客没有"暂住证""身份证"，旅店就不准收留，否则店主就得被抓。当然，商鞅发明了这一恶法，不可能不遭报应。后来，商鞅自己被通缉，逃到边境想住店，因为没有"身份证"，店主不敢留宿。商鞅因此丰富了汉语的词汇，留下"作法自毙"的典故。

这项恶法后来就一直这么延续下来，汉初的"连坐法"虽然没有秦朝时那么变态，但是如果有人犯了重罪，还是会累及亲人。这种源自"法家"思想的"损招"，自然不能被道家、儒家思想教育的刘恒接受。可是刘恒要废除这项恶法却不像安抚南越那么简单。安抚南越，刘恒只用了半尺书函，但是，要修改法律得经过相关部门认可。

有一天在朝堂之上，汉文帝对大家说了这么一番话："法律，应该是施行治理的最公正的工具，是用来禁止暴行、保护好人的。法律的作用，是为防止大家犯错误，引导民众向善的。可现在的法律里有这么一条：一个人犯了罪，他的父母、妻儿、兄弟姐妹都要跟着受处罚，甚至要罚做奴隶。我觉得这样有点过分了，你们商量一下这个问题吧，有关部门将这个法律全部取消掉。"

可是观念一旦形成，往往容易形成"惯性"，要改变延续了多年的"成法"，并不那么容易。而且，修改法律是一件很麻烦的事情，修改一条，就要牵扯方方面面很多事情。再加上这时候汉文帝还远远没有在朝廷中建立起自己的威信，占据朝臣主体的是将他推上台的功臣集团，他们并不拿他的这个命令当回事。汉文帝下令有关部门讨论，而有关部门给他的报告全都是一样的，他们认为不应该废除这个法律。有关部门的意见都说："老百姓自制力差，不能管好自己，所以才制定法律来约束他们。连坐他们的家属，就是要使他们有所顾忌，不敢轻易地犯罪。这已经是延续好多年的法律了。还是不要更改。"

汉文帝看属下不支持，就继续开导："我听说如果法律公正，老百姓就会诚实守信；如果法律合理，老百姓就会遵守法律。再说了，引导老百姓向善是当官的责任，如果我们既不能引导老百姓向善，又不能用适当的法律约束他们，这就是坑人，是引导百姓犯罪啊。我没觉得这个连坐的制度有什么好处，你们再仔细考虑一下。"看皇帝软中带硬，一再坚持，持反对意见的官员也不敢坚持了，只得表态："陛下给百姓以大恩大惠，功德无量，这不是我们这些臣下所能想得到的。我们遵从诏书，废除拘执罪犯家属，将他们收为奴婢等各种连坐的法令。""连坐法"最终得以废除，从此，天下人免受了无妄之灾，可谓功德无量。

2. 效法尧舜，广开民言

"连坐法"的问题解决了，刘恒又想起了"进善之旌"和"诽谤之木"。

　　"进善之旌"和"诽谤之木"是五帝时代尧、舜的发明创造，也是中国远古人类文明史上最早的政府监督机制。他们以天子的身份，在交通要道的路口插上旗子，通告天下，让民众指出天子的过错，这就是"进善之旌"，路口还要立上一块高大的木头，木头上钉有一块横板，专供百姓在上面书写对国家政事的意见，这就是"诽谤之木"。三皇五帝时代结束后，中原进入了夏、商、周三代的封建社会，可是让百姓监督的传统却延续下来，商汤时代设"司过之士"，周武王设"戒慎之鞀"，都是用来监督天子行为的。

　　从三皇五帝到夏、商、周三代封建社会，"诽谤"二字，一直不是贬义词，是指民众对于国家政事的自由议论。可是到秦代，"诽谤"成了一种罪名，有议论朝廷过失的，都成了罪犯，尤其秦二世胡亥，因为自己篡位心虚，更是严密监控舆论，人人道路以目，结果很快引起革命，政权垮台。但这项"诽谤罪"也留到汉初。

　　汉文帝拿"进善之旌"和"诽谤之木"为历史依据，要求相关部门废除所谓的"诽谤罪"，让百姓有抨击皇帝过错的言论自由。他在朝堂之上向大家提了出来："诸位，我听说古人治理天下的时候，都是在朝廷里设一面旌旗，老百姓可以站在下面提意见。还在朝廷外面放置一块木板，大家对朝廷有意见都可以写在上面。这样天子才能倾听百姓的意见，才能更好地治理国家。可现在咱们的法律里有一条诽谤和妖言惑众罪，这么一来大家就都不敢提意见了，我也就不能听到子民们真正的心声，我觉得这一条法律应该废除。"

汉文帝说完之后扫视一下群臣，看大家都低头不语，他就接着说："现在的情况是这样的，不管是当官的还是老百姓，他们会聚在一起骂一骂朝廷，可事后又会翻脸去告发对方。按照现在的法律，这就是大逆不道。还有一些人，就是发一发牢骚，可当官的会按照诽谤朝廷而治他们的罪。其实这些啊，都是因为一些人愚昧无知才犯下的错误，虽然有点气人，可罪不至死。这样吧，从今天开始，如果有人再触犯这条法律，就不用再治罪了。"

汉文帝体谅臣民，废除了连坐法和诽谤罪，既赢得百姓的拥护，又在朝中树立了自己的威信。

九、曹操割发代首

曹操，字孟德，沛国谯县（今安徽亳州）人。是东汉末年杰出的政治家、军事家、文学家、书法家，三国中曹魏政权的奠基人。曹操是历史上争论不休的人物，千百年来对曹操的评价褒贬不一。实际上，曹操是个性格复杂、形象多样的人物，他有奸诈狡猾、残忍暴虐的一面，也有贤明忧民、爱民护民的一面。

1. 马惊践麦，以身作则

《三国演义》第十七回，讲述了曹操建安三年"割发代首"的故事。《曹瞒传》如是记载："行经麦中，令士卒无败麦，犯者死。骑士皆下马，付麦以相持，于是太祖马腾入麦中，敕主簿议罪；主簿对以《春秋》之义，罚不加于尊。太祖曰：'制法而自犯之，何以帅下？然孤为军帅，不可自杀，请自刑。'因援剑割发以置地。"这就是割发代首的故事由来。

曹操辅佐汉献帝刘协定都许昌。献帝懦弱无能，汉末群雄纷争，各路诸侯蜂拥而起，都想反叛称王。当时局面一片混乱，闹腾最凶的有袁绍、袁术、董卓、吕布、张绣等。建安三年夏季，曹操以丞相之名，奏请献帝讨伐反贼张绣。于是汉献帝"亲排銮驾，送操出师"。

曹操领兵十万行进中，看到一路上麦子已成熟，而老百姓躲避兵荒都不敢收割，心情十分沉重。于是他下了一道命令，并张榜公告："我奉天子之命讨逆贼，为民除害。今麦子熟了，因兵至百姓不敢收割。大小官兵，凡路过麦田有践踏者，皆斩首。"沿途老百姓看到这则告示都欢喜称颂，并"望尘遮首而拜"。官兵在经过麦田时，皆下马扶着麦秆，不敢践踏。

曹操骑马正走在田埂上，忽然，田野里飞起一只鸟儿，曹操所骑的爪黄飞电马受到了惊吓，一下子窜入田地，踏坏了一片麦田。曹操立即叫来军中随行的官员，要求治自己践踏麦田的罪行。官员说："是马受惊践踏了麦子，怎么能给丞相治罪呢？"曹操说："我亲口说的话都不遵守，还会有谁心甘情愿地遵守呢？一个不守信用的人，怎么能统领成千上万的士兵呢？"随即抽出腰间的佩剑要自刎，众人连忙上前拦住。这时，大臣郭嘉走上前说："古书《春秋》上说，法不加于尊。丞相统领大军，重任在身，怎么能自杀呢？"曹操沉思了好久说："既然古书《春秋》上有法不加于尊的说法，我又肩负着天子交给我的重要任务，那就暂且免去一死吧。但是，我不能说话不算话。我犯了错误也应该受罚。"于是，他就用剑割断自己的头发说："那么，我就割掉头发代替我的头吧。"曹操又派人传令三军：丞相践踏麦田，本该斩首示众，因为肩负重任，所以割掉头发替罪。于是三军悚然，都认真遵守爱民不践麦的军令。割发代首的故事充分显示了曹操为政以德、亲民爱民的一面。

2. 挥刀割发，耻辱之刑

现在剪头发对人们来说是一件再正常不过的事了。可是，在古代"剪头发"并非小事。古代有一种刑法叫"髡刑"。髡刑是一种将人的头发全部或部分剃掉的刑罚，因此是一种耻辱刑，主要流行于中国夏商周到东汉。古代人都是长发，并用簪子固定，而短发是奴隶身份的象征，是地位低贱的表现。并且，《孝经》上说："身体发肤，受之父母，不敢毁伤。"古代人认为身体是父母的礼物，头发是从父母那里继承来的，随便割掉不仅大逆不道，而且还是不孝的表现。可见，曹操当时承受的是何等的心灵之苦。他割发就等于宣告自己犯了不孝之罪，而汉代不孝罪与杀人罪几乎是同等罪行。如果曹操当时置已经长熟的庄稼于不顾，任由军队乱马齐踏，遭殃的自然是辛苦了一季的百姓。而曹操能够将自己处以刑罚，为民着想，割发代首，严于律己，实属难能可贵。

十、刘备携民渡江

携民渡江，是在我国民间广为流传的故事，该故事出自罗贯中小说《三国演义》，发生于东汉建安十三年，主要讲的是刘备在逃跑时不忍抛弃跟随的百姓而带他们一起渡江的故事。表现了刘备的以民为本、爱民如子。

《三国演义》第四十一回"刘玄德携民渡江，赵子龙单骑救主"中对刘备携民渡江的故事有如下描述。

1. 曹奔樊城，遣使请降

张飞趁着关公放了上游的水，就引军从下游杀过来，截住了曹仁进行混战。忽然遇到许褚，就和他交锋；许褚不敢恋战，就夺路走脱。张飞赶过来，接着玄德、孔明，也一同沿河到上游。刘封、糜芳已经安排船只等候，就一齐渡河，全都向樊城奔去，孔明命令将船筏放火烧毁。另一边，曹仁收拾残军，在新野屯住，派曹洪去见曹操，陈说失利的事。曹操大怒说："诸葛村夫，怎敢如此。"就调动漫山遍野的军队，全都到新野安营扎寨。曹操传令军士一面搜山，一面填塞白河。命令大军分作八路，一齐去攻取樊城。刘晔说："丞相刚到襄阳，必须先收买民心，现在刘备把新野百姓全都迁入樊城，如果我军径直进攻，两座县城就化为齑粉了；不如先派人招降刘备。刘备即使不投降，也可以显示我们的爱民之心了；如果他前来投降，那么荆州这地方，便可以不战而获得了。"曹操听从了他的建言，就问："谁可以派过去？"刘晔说："徐庶与刘备交情深厚，现在在军中，为什么不命令他前往？"曹操说："他去了恐怕就不再回来了。"刘晔说："他如果不回来，就会被人耻笑。丞相不用怀疑。"曹操就召唤徐庶过来，说："我本想踏平樊城，不过可怜百姓的性命。您可以前往对刘备说：如果肯来投降，就可免除罪过并赐予爵位；如果执迷不悟，军队和人民都将被杀，县城也将被焚烧。我知道你忠诚信义，所以特意派你前往。希望不要辜负我。"

徐庶领受命令前往。到了樊城，玄德、孔明接见他，一起回忆了昔日的情分。徐庶说："曹操派我来招降你，不过是假意收买人心，现在他兵分八路，填塞白河前进。樊城恐怕不可以守护，应该赶紧撤离。"刘备想留下徐庶。徐庶谢绝说："如果我不回去，怕会让人耻笑。现在老母已经逝去，让我抱恨终身。虽然我身在曹营，但发誓绝不会为他设计一个计谋，你有诸葛亮辅佐，何愁大业不成。"徐庶请求告辞。刘备不敢强留。

2. 扶老携幼，滚滚渡河

徐庶回来，见了曹操，说刘备并无降意。曹操大怒，传令即日进攻。刘备问孔明计策。孔明说："可以赶紧放弃樊城，攻取襄阳暂时休整。"刘备说："奈何百姓跟随我很久了，不忍心抛弃他们。"孔明说："可以派人告知百姓：有愿意追随的就一起去，不愿意的就留下。"先派关羽在江岸整顿船只，命令孙乾、简雍在城中大声宣讲："现今曹兵将至，孤城不能长久守住，百姓愿意跟随的，便一起过江。"两县的人民齐声大呼说："我们即使死，也愿意跟随刘备！"随即边哭便迁移。扶老携幼，将男带女，浩浩荡荡地过河，两岸的哭声不绝如缕。刘备在船上看到这个场景，大哭说："因为我一个人而使百姓遭遇这样的大难，我还有什么脸面活着！"说完就想投江自杀，左右的人急忙阻止他。听到的人没有不痛哭的。船到了南岸，回头看百姓，还有不能渡江的，望着南方哭泣。刘备急忙命令关羽催促船只过江后，才上马离开。

前进到襄阳城的东门，只看见城上插满了旌旗，壕边上布满了鹿角，刘备勒马大叫说："刘琮贤侄，我只想救百姓，并没有其他想法。你快开城门吧。"刘琮听说刘备来了，因为害怕而不敢出来。蔡瑁、张允就来到城楼上，呵斥军士乱箭射他们。城外的百姓，都望着城楼痛哭。城中忽然出来一个将领，引着数百人径直上楼，大声呵斥说："蔡瑁、张允是卖国贼！刘备是仁德的人，现在为了救人民而前来投靠，怎么能拒绝呢！"众人望去，这个人身长八尺，面如重枣；是义阳人，姓魏，名延，字文长。当下魏延抢起刀就砍死了守门将士，开了城门，放下吊桥，大声说："刘皇叔快领兵入城，共杀卖国之贼！"张飞想跃马进城，刘备急忙制止说："不要惊扰百姓！"魏延一心招呼刘备的军马入城。这时城内一个将领带领军队飞马而来，大声说："魏延，你是个无名小卒，怎么敢造乱！你认得我大将文聘吗？"魏延大怒，拿枪跃马，便去跟文聘交战。两边的军兵在城边混杀，喊声震天。刘备说："我本来想保护人民，却害了人民！我不愿意进入襄阳！"孔明说："江陵是荆州的要地，不如先攻取江陵作为安身的地方。"刘备说："正合

155

我意。"于是就引着百姓，离开襄阳大路，朝着江陵而去。

试想，如果刘备不带百姓一起，行军速度会提升，逃走的可能性也自然会大大增加。但刘备因舍弃不下新野百姓，带上百姓一起转移，渡过长江往襄阳而去，因不被收留，只得再次转战江陵，在途中的长坂坡被曹操派的精骑追上，因此才有了当阳之败，刘备也最终败走汉津口。刘备携民渡江，表现了他仁义爱民的一面。

十一、黄霸治郡

黄霸，西汉时淮阳阳夏（今河南太康）人，自幼攻读法律之学，胸有大志，历任河南太守丞、廷尉正、颍川太守、丞相等。他为官清廉文治有方，性温良、谦虚，识闻博广，理事以法律为准，治民以教化为先。

1. 德教为重，教化为先

汉昭帝时，一些地方官吏多以执法严酷为能，把能吹毛求疵作为衡量能力的标准。而黄霸独以宽和、仁厚知名，断案崇尚仁政。他任职河南太守丞，熟稔法律条文，处事议政合乎法度，顺应民意，主张实行外宽内明，教化为先，把重点放在防患于未然上。

黄霸治理从不轻易使用刑罚，而是尽力实行德教，若有不从的才用刑罚。他多次颁发刑律均告之于民，达到家喻户晓，使犯罪率大大降低。

其时汉宣帝勤政爱民,朝廷为改善民生多次颁布有关利农惠农的诏书。黄霸任颍川太守后,针对百姓不知国家很多政策法令的情况,在郡中挑选品行好、素质高的基层官吏,让他们跑遍郡中大大小小的地方,把朝廷的政策法令传达给百姓,使民众都能了解。同时他还注重听取百姓之声,将民众的建议及时反馈给朝廷。

他制定详细的安民条款,内容包括劝善、止恶、耕作、蚕桑、节约等,百姓生产、生活各方面几乎都规定到了。规劝黎民遵章守法,善事防邪,勤事农桑,节约资财等,设置父老、师帅、伍长,在民间宣讲以教化民众。他常深入民间与百姓谈话,从中了解许多实际情况。

他教民以礼义,使人人知善之当为;大力发展学校教育,在全郡聘请有名的贤士开展德育教化百姓,提高民众素质。他未到任之前,颍川这个地方的偷盗抢劫问题非常严重,人命案时有发生。经过治理,当地面貌焕然一新,兴学之风日盛,人们互相谦让、互相敬爱,民风渐趋淳厚,偷盗抢劫事情越来越少。

2.体恤百姓,安民富民

黄霸深知百姓利益无小事。对于百姓之事,无论巨细他都会认认真真办好,就连百姓的家常琐事,他也考虑得周到得体,"米盐靡密,初若烦碎,然霸精力能推行之"。他带领全郡百姓发展农桑,带头脱掉官服官靴,下地拉犁耕地;鼓励农民种树、养猪、养鸡鸭、养桑蚕;积极提倡节俭增财;把朝廷的休养生息政策逐一落实,使百姓安居乐业。

黄霸在颍川前后任职8年,史载其"以外宽内明得吏民心,颍川夜不闭户，路不拾遗，户口岁增，治为天下第一"，并赞其为国家栋梁之材。是时，天下太平，百姓安居，上天自然降下祥瑞，相传凤凰神雀多次飞到各郡、各封国，而尤以飞到颍川郡的最多。汉宣帝认为黄霸的治绩是全国最优秀的，下诏褒奖。后来，朝廷征召黄霸担任太子太傅、丞相。

3. 持法平和，德治仁政

黄霸断案竭力主张德治仁政，反对酷刑，先行教化，后用刑罚。他认为断案必须依据法律条规，必须有证据，不能以个人想象和好恶办案，坚决杜绝冤狱的发生。同时他还坚持从轻处理疑案的原则，对无证据或证据不足或暂无法取证的从轻发落，释放回家以观后效。结果解救了许多无辜人的性命，监狱不再人满为患，到衙门来告状喊冤的人也越来越少。他认为若以教化为先，事先就应把法令告诉百姓，为官者更要自觉遵守做出表率。民间皆称赞黄霸持法平和。

黄霸不仅安抚平民百姓，也对属吏进行教化，使其明确法律条文，做到依法断案。他把颍川郡20多个县令叫到大堂来，让他们逐个背诵朝廷的新政新法令，会背诵的可以走，不会背诵的留下来读。他说如果自己连新政新法都不懂，如何去治理百姓，如何公正执法？所谓"六条问事"是当时监察地方官员的标准，如不许"不遵承典制，背公向私"，不能"不恤疑案，草率定案"，不能"侵渔百姓，聚敛为奸"，更不能"烦扰苛暴，为百姓所疾"等。

黄霸一生奉公守法，不贪私利，推行善政勤行教化，贤德爱民，一直为百姓所传颂。

十二、唐太宗吞蝗移灾

《贞观政要》是一部政论性的史书。这部书以记言为主，所记基本上是贞观年间唐太宗李世民与臣下魏征、王珪、房玄龄、杜如晦等人关于施政问题的对话以及一些大臣的谏议和劝谏奏疏。此外也记载了一些政治、经济上的重大措施。唐太宗是唐朝的第二位皇帝，在他的统治下，唐朝民风开化，经济繁荣，一派祥和。直到今天，我们提及他的"贞观之治"都不免感叹当时的盛况。而唐朝之所以能如此昌盛，与唐太宗爱民如子息息相关。其中，唐太宗吞蝗讲的就是他爱民的一个典故。

1. 吞蝗救粮，不复成灾

历史上往往蝗灾之年就是灾荒之年，所以历代君主十分重视对蝗灾的治理，古代没有农药，消灭蝗虫并非易事。而唐太宗在消灭蝗虫方面，可谓别开生面，有惊人之举。唐太宗吞蝗的故事在《贞观政要》中有非常详细的记载。

贞观二年，京师旱，蝗虫大起。太宗入苑视禾，见蝗虫，掇数枚而咒曰："人以谷为命，而汝食之，是害于百姓。百姓有过，在予一人，尔其有灵，但当蚀我心，无害百姓。"将吞之，左右遽谏曰："恐成疾，不可。"太宗曰："所冀移灾朕躬，何疾之避？"遂吞之。自是蝗不复成灾。

把这段话翻译过来是讲，贞观二年，长安大旱，长时间的大旱必然引发虫灾，果然不久四处便开始闹蝗虫。唐太宗进入园子看粮食的受灾情况，看到蝗虫遍地，便捉了几只放在手心，对着手心的小虫子咒骂道："粮食是百姓的根本所在，你吃了粮食，百姓就会挨饿。百姓如果有什么罪过，应当是我这个一国之君没有做好，应该由我来承担，如果你能显灵的话，就吃我的心吧，把粮食还给百姓！"说罢，举起手要把蝗虫吞下去，左右侍从连忙劝阻："皇上，万万使不得，这东西不干净，吃了会得病的，龙体安康要紧。"唐太宗说："我愿意承担百姓的所有灾难，小小的疾病怕什么？"说罢不等群臣开口，就把蝗虫塞进嘴里吃了下去。说来也算离奇，自此蝗虫不再成灾，而唐太宗吞蝗的事迹却流芳百世。

2. 下罪己诏，哀民疾苦

在古代农业社会，发生蝗灾是非常严重的事，意味着天下老百姓没有饭吃，流离失所，变成流民，甚至起来造反。在当时的科技条件下，对蝗灾基本上没有什么好的解决办法，只能眼睁睁看着灾难降临。而这种天灾，依据"天人感应"的理论，认为是国君的统治不仁不义，故而上天放出灾难来进行惩罚，这叫作"天谴"。受到"天谴"，皇帝应该下罪己诏，思过罪己，自责"不敏不明""无德"，祈求上天的原谅。京城大旱闹蝗灾，唐太宗视察粮食损失情况，他见蝗虫为害而勇于承担责任，替民受罪。这则故事正是他心系百姓，急百姓之所急的体现。唐太宗见到蝗虫后咒骂蝗虫与百姓夺食，"是害于百姓"，可见他首先想到的是百姓，忧虑的是民生疾苦。然后又说："百姓有过，在予一人，尔其有灵，但当蚀我心，无害百姓。"言语之中流露出一个心怀子民的帝王甘愿为人民担当责任的勇气。当左右劝阻他吃蝗虫时，他说："所冀移灾朕躬，何疾之避？"进一步表现了唐太宗愿为人民承载灾难的勇气和坚决消灭蝗虫的决心。

虽然这个故事其真实性无法考察，但也从侧面表现了唐太宗爱民的形象，体现了他为百姓着想、忧国忧民、勇于承担责任和坚决消灭蝗虫的决心。中国古代，愿意献出自己的生命以求百姓平安的帝王不多，唐太宗是其中一位，可称得上是一代贤君明主。唐太宗亲身经历隋末农民大起义的风暴，深知农民力量之伟大，提出以"王道"治天下，就是以皇帝为代表的朝廷要跟老百姓和谐相处，朝廷所有政策都要以老百姓为核心，要考虑到老百姓的利益。

十三、唐太宗纵囚

唐太宗李世民，是唐高祖李渊和窦皇后的次子，唐朝第二位皇帝，杰出的政治家、战略家、军事家、诗人。隋朝末年，朝廷黑暗腐败，社会动荡不安。李世民虽然出身于官宦家庭，但在干戈不断、民不聊生的年代，他同下层百姓接触较多，对普通百姓的疾苦有较深的了解。他曾经说过："朕年十八，犹在民间，百姓艰难，无不谙练。"在他当政期间，常常体恤臣下，爱民如子。他历来被称为有道明君，这不仅表现在文治武功上，更表现在仁政爱民上。

《资治通鉴》中关于唐太宗纵囚的故事让人读来不禁为唐太宗的气度折服，更感他爱民至深，体民之切。第一百九十七卷中对这件事如是记载："辛未，帝亲录系囚，见应死者，闵之，纵使归家，期以来秋来就死。仍敕天下死囚，皆纵遣，使至期来诣京师。"高风入史，妇孺皆知。

1.体民之痛，遣罪返家

贞观六年，李世民又和往日一样批阅奏折，忽然被大理寺卿的奏折吸引住了。奏折上说，有390名死囚将于秋后处以"大辟"之刑，但有不少人日夜痛哭。问其原因，原来不是怕死，而是心中还有所牵挂。有的是家中尚有老母未曾安顿，有的是家中一脉单传未留下香火……奏折上还说，用尽办法仍不能让他们停止哭闹，问是否可以提前用刑。

李世民阅罢，久久沉思。他历来不主张严刑酷法，而是务求宽简。他对死刑的审核极为慎重，因为死刑至重，事关人命，在死刑审核的程序上，规定要实行三复奏，即向皇帝报告三次，反复核实，务求不冤杀一个好人。后来，他觉得三复奏还不够，又规定了五复奏。这些关在监狱里的死囚，都是经过了三复奏和五复奏程序，实际上都是情无可原、罪无可恕、死无可冤的人。即便如此，太宗还是本着人文精神，对这些人进行终极抚慰，因为他觉得人之将死，其言也善，鸟之将死，其鸣也悲，即使是应死之人，其悲苦状也是令人同情的。于是，他对群臣说了自己的想法，打算下一道圣旨，把囚犯一律放回家，与家人团聚，等他们处理好后事之后再来京城执行死刑，一起问斩。大臣们被李世民的想法惊得目瞪口呆，当即表示反对，大理寺卿说："皇上，自古以来都没有听说过将死囚释放还能自动回来的。死囚犯都是些杀人不眨眼的凶徒，一旦放归，就好像是放虎归山，到时候，想要再将他们抓捕归案那就难了。再说，死囚人数有这么多，不能草率行事，要三思而后行啊！"其余大臣也纷纷发表了类似的看法。太宗回答说："用诚心才能换忠心，我相信他们不会辜负这份信任。"李世民主意已定，不顾大臣的强烈反对，断然下旨，还决定亲自到监狱里去宣布这一旨意。

390名囚犯看到皇帝来了，都以为要提前用刑了，一个个跪在地上面如土色。却听到皇帝说出这样的话："朕知道你们都是十恶不赦的大罪人，但上天有好生之德，听说你们有人还未了结家中后事，朕特恩准尔等先行返家，待处理完后事之后再回狱，安心受刑，以一年为期，不得有误。尔等以为如何？"390人仍跪在那里，本已是心如死灰，乍闻此言，如晴天霹雳，一时都傻傻地愣了，几乎不敢相信自己的耳朵，掐了掐自己的脸才知道这不是梦，等到醒悟过来，顿时磕头如捣蒜，情不自禁地大声欢呼起来。许多人磕得头破血流也浑然不觉。李世民见状，倒也心生感动。于是，390个死囚个个感激涕零，高高兴兴地回家了。消息传出后，举国为之哗然。人人都在议论着这一前所未有的事情，为李世民的仁慈爱民而感叹。也有一些人担心，万一时间到期，囚犯们不回来怎么办，这些囚犯再次作乱怎么办。

2. 大赦罪行，天下归心

到期之日恰好是上元节，长安城里到处张灯结彩，好不热闹。

但到了上元节的前一夜，390个人中还没有一个人归来。连长孙皇后也有点急了，唐太宗倒不急不恼，道："那些死囚再有一天便要回到监狱与世隔绝，最后享受一下人间烟火也是人之常情嘛。"长孙皇后见他胸有成竹，便不再言语了。其实，唐太宗早在放人之初，就已派了唐代的大内禁军，昼夜监视跟踪，他已暗中下令，一旦犯人逾日不归，便立即捕而杀之。他自己心中有数，只盼不要节外生枝。第二天便是上元节，唐太宗也无心早朝，只是在后宫等消息。不久，大理寺卿气喘吁吁地来了。"怎么样？"唐太宗急忙问。"回皇上，全回来啦，一个不少，真是皇恩浩荡，才有此天下奇闻呀！"大理寺卿一脸喜色。唐太宗不觉开怀大笑，数日忧虑一扫而空。唐太宗高兴之下，全部赦免了他们的死罪，并下令让390名囚犯当晚夜游长安赏花灯。君王体恤将行刑的死囚，死囚最终甘愿守信以回报君王信任。入夜，长安人又目睹了世上罕见的一幕：皇帝的宝辇在前头，后面跟着一群披枷戴铐的囚犯行走在灿烂辉煌的灯会之中，全城百姓无不心悦诚服，齐齐跪下高呼："吾皇万岁，万岁，万万岁。"他一时感慨万千，更知民心之淳朴可爱，心中暗下决心，要更加勤政爱民。唐太宗纵囚的仁德之举，体现了他施行仁政、爱民亲民的民本思想。

十四、韩愈二次被贬

韩愈（768—824），字退之，河阳（今河南孟州）人，因祖籍昌黎，世称韩昌黎、昌黎先生。唐代杰出的文学家、思想家、哲学家、政治家。韩愈是唐代古文运动的倡导者，被后人尊为唐宋八大家之首，与柳宗元并称"韩柳"，有"文章巨公"和"百代文宗"之名。后人将其与柳宗元、欧阳修和苏轼合称"千古文章四大家"。

贞元八年（792年）韩愈登进士第，803年任监察御史。因上书论天旱人饥状而被贬为阳山县令，后历都官员外郎、史馆修撰、中书舍人等职。元和十二年（817年），出任宰相裴度的行军司马，参与"淮西之乱"。元和十四年（819年），又因谏迎佛骨一事被贬至潮州。晚年官至吏部侍郎，人称韩吏部。长庆四年（824年），韩愈病逝，谥号文，世称韩文公。元丰元年（1078年），追封昌黎伯，并从祀孔庙。

1. 第一次被贬——为民请命

韩愈在24岁的时候，参加了进士考试，主考官是宰相陆贽。出的试题为"不迁怒不贰过"，大意为自己不高兴不要转移到别人身上，不犯两次同样的错误。韩愈看后，挥笔成章。可是，主考官看了以后，却把试卷放在一边，第一次考试就这样落榜了。

第二年，韩愈又参加了进士考试，试题与上一年的试题一样，韩愈没有犹豫，一字不改地把去年的旧作写在卷面上。陆贽主考官看后，感到此卷似曾相识，他反复看了几遍，拍案叫绝，说道："好文章！完全是古文风格，没有一点骈体文的味道，若不细看，差点埋没人才了。"就这样，韩愈考中了进士，并名列榜首。从此以后，韩愈更加积极倡导古文运动，从事古文写作。无论是给皇帝上书，给亲友写信，还是写各种体裁的文章，他都是按先秦、两汉的古文要求精心撰写。

贞元十九年（803年）冬，韩愈晋升为监察御史。上任不久，长安周围的好几个县发生了旱灾，春夏无雨，秋又早霜，田亩所收十不存一。然而，京兆府尹李实不止一次地对德宗说，"今年虽旱，而谷甚好"，因而不顾一切地严征暴敛。韩愈向德宗递交了《御史台上论天旱人饥状》，列举了夏秋以来京畿一带受灾的具体情况，并建议免除百姓当年的租税，待明年蚕丝上市和收麦子的时候再征。这篇奏疏递上去后，韩愈遭到李实等权臣谗害，被贬为阳山县令。

在阳山待了一年零两个月，后被召回长安，任国子博士、中书舍人、行军司马、刑部侍郎等职。

2. 第二次被贬——谏迎佛骨

长安附近有座法门寺，寺里藏有一节指骨，据说是佛教创始人释迦牟尼的遗骨，称为佛骨。

元和十四年（819年）正月，唐宪宗为祈求长寿，派人把佛骨迎进了皇宫，供奉了三天，又下令长安各大寺庙轮流展出佛骨。这一来，上自王公贵族，下到平民百姓都争先恐后地迎拜佛骨，向寺庙捐献财物。为了拜佛骨，不少人弄得倾家荡产。韩愈看到这些，十分生气。立刻给唐宪宗写了一份奏章《论佛骨表》。他说："古代没有佛教的时候，许多帝王都长命百岁，自打汉明帝的时候佛教传入中国，信佛的皇帝就都早死，而且国家接连出现动乱。"

唐宪宗看完奏章勃然大怒，气呼呼地说："韩愈好大胆，我要把他斩首！"

宰相裴度是韩愈的朋友，连忙替他求情，请皇帝减轻对韩愈的处罚。"不行！"唐宪宗怒气未消地说，"他说什么信佛的皇帝都早死，这不是在诅咒我吗？""皇上，韩愈出言不逊，应当责罚。不过他是出于一片忠心，如果为此将他处死，臣怕今后无人直言敢谏了。"许多大臣都为韩愈说情。唐宪宗答应不杀韩愈，可还是要把他贬为潮州（属广东省）刺史，叫他限期上任。韩愈又一次被贬到遥远的南方去了。

3. 为民除鳄

韩愈被贬到潮州做刺史时，潮州有一条江，江中有很多吃人的鳄鱼，成为当地一害，许多过江的人都被它们吃了。一天，又有一个百姓遇害了。韩愈忧心忡忡：鳄鱼不除，必定后患无穷。于是韩愈下令准备祭品，亲自去江边设坛祭鳄。韩愈摆好祭品后，对着江水大声喊道："鳄鱼！鳄鱼！韩某来这里做官，为的是能造福一方百姓。你们却在这里兴风作浪，现在限你们在三天之内，带同族类出海，时间可以宽限到五天，甚至七天。如果七天还不走，绝对严处。"从此，潮州再也没有发生过鳄鱼吃人的事情了。人们把韩愈祭鳄鱼的地方称为"韩埔"，渡口称为"韩渡"，这条大江则被称为"韩江"，而江对面的山被称为"韩山"。

4. 为民治洪

韩愈刚到潮州之时，正逢潮州大雨成灾，洪水泛滥，田园一片白茫茫。他到城外巡视，只见北面山洪汹涌而来，于是他骑着马，走到城北，先看了水势，又看了地形，便吩咐随从张千和李万紧随他的马后，凡马走过的地方都插上竹竿，作为堤线的标志。韩愈插好了堤线，就通知百姓，按着竿标筑堤。百姓听了十分高兴，纷纷赶来，岂料一到城北，就见那些插了竹竿的地方已拱出一条山脉，堵住了北来的洪水。从此，这里不再患水灾了。百姓纷纷传说："韩文公过马牵山。"这座山，后来就叫"竹竿山"。

在韩愈二度任免中，韩愈为民请命、谏迎佛骨、为民除鳄、为民治洪等故事至今广为流传，他抛却了个人荣辱，脚踏实地为老百姓谋福利、做好事。韩愈不仅能写一手锦绣文章，其一生功业和爱民事迹更是口口相传。

十五、李绅作诗悯农

李绅（772—846），字公垂。祖籍亳州谯县（今安徽亳州谯城区）。唐代宰相、诗人。李绅自幼好学，35岁中了进士，穆宗皇帝见他学识渊博，才学出众，任命他为翰林学士。

1. 体恤民艰，作诗悯农

有一年夏天，李绅回故乡亳州探亲访友。恰遇浙东节度使李逢吉回朝奏事，路经亳州，二人是同榜进士，又是文朋诗友，久别重逢，自然要盘桓一日。

这天，李绅和李逢吉携手登上城东观稼台。二人遥望远方，心潮起伏。李逢吉感慨之余，吟了一首诗，最后两句是："何得千里朝野路，累年迁任如登台。"意思是，如果升官能像登台这样快就好了。李绅此时却被一种景象感动了。他看到田野里的农夫，在火热的阳光下锄地，不禁感慨，随口吟道："锄禾日当午，汗滴禾下土。谁知盘中餐，粒粒皆辛苦！"

李逢吉听了，连说："好，好！这首诗作得太好了！一粥一饭得来都不易呀！"

李绅仰天长叹了一口气，接着又吟道："春种一粒粟，秋收万颗子。四海无闲田，农夫犹饿死！"

李逢吉一听，这不是在揭朝廷的短吗？这小子好大胆！回到书房，李逢吉对李绅："老兄能否将刚才吟的两首诗抄下来赠我，也不枉我二人同游一场。"李绅沉吟一下说："小诗不过三四十字，为兄听过，自然记得，何必抄录？若一定落笔，不如另写一首相赠。"李逢吉只得说："也好，也好。"于是，李绅又提笔写下一首："垄上扶犁儿，手种腹长饥。窗下织梭女，手织身无衣。我愿燕赵姝，化为嫫女姿。一笑不值钱，自然家国肥。"写好，递与李逢吉斧正。李逢吉看了，觉得这首诗在指责朝廷方面，比上两首更为具体。第二天，李逢吉便辞别李绅，离亳进京了。李逢吉表面上对李绅很好，可内心里却想拿他作垫脚石，再高升一级。他回到朝中，立即向皇上进谗言说："启禀万岁，今有翰林学士李绅，写反诗发泄私愤。"武宗皇帝大吃一惊，忙问："何以见得？"李逢吉连忙将李绅诗奉上。武宗皇帝召李绅上金殿，拿出那首诗来，李绅看看，说道："这是微臣回乡后，看到民生疾苦写下的，望陛下体察！"武宗说："久居高堂，忘却民情，朕之过也，亏卿提醒。今朕封你为中书侍郎，以便共商朝事，治国安民。"李绅叩头道："谢皇上！"武宗又道："此事多亏李逢吉举荐。"李绅对李逢吉感激不尽。而李逢吉呢，听说李绅为此反而升了官，正又惊又怕之时，李绅却登门向他表示谢意。李逢吉更是蒙在鼓里，只好哼之哈之。不久，李逢吉被调任为云南观察使，降了官。这时他才感到自己是偷鸡不着蚀把米。李绅的三首悯农诗，千百年来人们只见到前两首。第三首《悯农诗》被传到皇宫，直到近代，人们才在敦煌石窟中的唐人诗卷中发现。

2. 作书责龙，水涨康河

李绅为人刚直，当谏官时曾得罪过李逢吉。李逢吉趁敬宗刚登基，就参了李绅一本，敬宗就找个借口把李绅贬为端州司马。李绅被贬，一路上翻山越岭到了康州。康州到端州没有旱路，只有一条水路——康河，而康河水浅难以行舟。地方官说："李司马有所不知。这康河有条老雌龙，这河水涨不涨，全看它高兴不高兴。康州人凡有急事上端州，都备下三牲礼品，上媪龙祠去求水，只要老龙高兴，马上河水就涨。李司马，你不如备上礼品，上媪龙祠祷求一番，试试如何？"李绅说："礼品还分多寡吗？"答："礼品多，水涨得就大就快，礼品少了，恐怕就不好讲了。"

李绅勃然大怒，说道："世上贪官污吏勒索百姓，犹令人愤恨，没想到龙为一方之神，竟也如贪官恶吏一般，可愤可恼，我偏不上供，还要作文骂它一顿！"

地方官连忙说："司马千万不可莽撞！惹恼了老龙，恐怕要误大人行期……"

李绅说："当今天子恼我，尚不过把我贬到端州，水中一鳞虫，看它能奈我何？"来到媪龙祠，李绅命书童摆出文房四宝，研好墨，铺好纸，手指着老龙塑像，写道："生为人母，犹怜其子，汝今为龙母，不独不怜一方子民，反效尘世贪官恶吏刮民骨髓，岂不耻为龙乎……倘不，吾当上表天庭，陈尔劣迹，定伐鳞革甲，汝不惧雷霆耶？"写好，在老龙面前点火焚了，一道清烟升起。地方官吓坏了："李司马，可闯大祸了！这老龙十分灵验，你这檄文一下，恐三月也涨不了水啦！"李绅傲然一笑，说："误了行期，大不了丢了这顶乌纱帽。要是惹恼了我，拼着一死，我也要毁了这老龙祠，教世人不信这等恶神！"话没落音，家人禀道："老爷，河水涨了！河水涨了！"

果然，汹涌大水从媪龙祠后滚滚而出，片刻之间，康河成了十几丈宽、深不见底的大河。地方官又惊又喜，喃喃说道："难道老龙也怕李司马的檄文吗？"

身为地方官，以造百姓福祉为己任，李绅从作诗悯农到作书责龙无不看出他是一个爱民的正直之士。

十六、范仲淹曲线赈灾

范仲淹（989—1052），字希文。苏州吴县（今江苏苏州）人。北宋著名的政治家、文学家，他从小出身贫苦，入仕从政后，十分关心民生疾苦。曲线赈灾是发生于北宋皇祐初救济灾民的故事。

1. 曲线赈灾，救济灾民

1050年，吴中一带发生了大规模的饥荒，很多人都饿死了，尸体遍地。当时范仲淹是浙江西部的官员，他立即主持赈灾，不断地从各地运来粮食，号召百姓缴纳粮食，可是对于赈灾依然杯水车薪。

范仲淹对灾区进行了详细的调查，发现浙江西部的富人喜欢赛船，喜欢举办佛事。范仲淹没有阻止，而是大力鼓励，范仲淹每天都带着属下前去观看，并且摆下盛宴大吃大喝。范仲淹与友人坐一艘游船，听着丝竹笙箫，喝着美酒佳酿，优哉游哉地行驶在西湖上。杭州的富户看到后，也就无所顾忌地搞起了船宴歌会。更有喜好竞舟的商人，借机赞助龙舟比赛，一时引得全城百姓携儿带女前来观看。

范仲淹还找来了各个佛寺的住持开会，对他们说："现在饥荒盛行，人工的价格非常便宜，你们可以抓住这个机会，大兴土木建佛寺，这样可以节约一大笔钱。"各位住持讨论之后觉得范仲淹说得有道理，于是立即开始兴建佛寺、佛像。范仲淹不仅让佛寺新建工程，自己也开始修建政府部门的一些建筑，比如储存粮食的仓库、普通公务员的办公场所，每天都使用多达千人劳动。

范仲淹每日大吃大喝、大兴土木，却不去赈济灾民，弄得上级官员看不下去了。于是当时负责监管官员的有关部门，上奏朝廷说了范仲淹三条罪状：一是范仲淹身为地方主官，不亲历一线田间地头视察灾情，不体恤百姓疾苦，不理公事；二是上班时间在西湖公款消费，游玩作乐；三是置朝廷若干节俭规定于不顾，大肆兴建楼堂馆所，劳民伤财，杭州百姓怨声载道。仁宗偶感风寒正在喝药，接到举报后震怒，这不是懒政不为、目无王法吗？将药碗一扔，提笔批复要范仲淹说个清楚！

被告了一状的消息传到了范仲淹的耳朵中，范仲淹立即给皇帝上书，详细地说明了他这样做的理由。他写道，本地遭灾，百姓疾苦，他痛心之至。可作为地方官，总得想法子将天灾的危害降到最低，保证百姓的生活。所以他自春至夏坐船游西湖，目的是带动富户投资旅游消费，所以才有了西湖歌舞和龙舟竞赛。当时来西湖看热闹的又岂止是杭州一城的百姓？这样自然使旅游业收入大增。至于寺庙修葺，是他专门召集那些方丈们开"吹风会"：由于人工费大大降低，他们可以抓紧搞些修葺建设。同样缘故，官府又专门拨了些银子新建扩建馆舍和仓库，实际是节省了日后动工的管理费用。这些官府和民间的投资，增加了就业人数，每天用工数量超过千人，起码解决了几千个家庭的吃饭问题，并带动了泥石、木材、运输、布匹、餐饮和旅舍等其他相关行业的兴旺。仁宗看了范仲淹的奏疏以后，将信将疑，随即遣特派员实地调查。结果正如范仲淹所说，杭州虽然遭灾，但百姓生活没有受到太大影响，而且的确刺激了地方经济的发展。

到了这一年的年底，浙江西部很多地区的百姓都逃荒去了，他们背井离乡，前途未卜，只有范仲淹主政的杭州地区没有出现逃荒的人员，而且很多的民生工程都得到很好的兴建，造价也非常低。皇帝知道之后，非常高兴，对范仲淹赞誉有加，于是立即定下了一个规矩，那就是每到饥荒的时候，由主管存放国家粮食的大司农拿出粮食来，招募人民兴建民生工程，这条后来成为宋朝的法令。

2. 谏言皇帝，告民疾苦

有一年，旱灾、蝗灾蔓延全国，淮南、京东等地灾情严重。当时，范仲淹就请求朝廷巡察处理，朝廷却置之不理。他十分气愤，冒着杀身之祸质问仁宗："宫中的人如果半天不吃饭，会怎样呢？江淮等地饥民遍野，怎能熟视无睹，不予救济？"皇上无言以对，便派他去安抚灾民。范仲淹每到一地，就开官仓赈济灾民，发官钱救济百姓，并带领群众生产自救。他看到饥饿的人们常常挖一种叫"乌味草"的野草充饥，这种草粗糙苦涩，难以下咽。回京时，他特意带回"乌味草"，呈献给宋仁宗，请他传示朝廷上下，以劝诫他们勿忘百姓之疾苦，杜绝奢侈之恶习。

范仲淹晚年在杭州做官时，还用一生积蓄，在近郊购置一千亩良田作为"义田"，供贫困百姓耕作，可他直到晚年，连一座像样的宅第也没有，病逝后，家无余财，连像样的丧葬品都没有。但他却给后人留下了清正廉洁的道德品质、爱民如子的优良作风，留下了"先天下之忧而忧，后天下之乐而乐"的精神财富。

十七、朱熹德润人心

朱熹（1130—1200），字元晦，又字仲晦，号晦庵，晚称晦翁，谥文，世称朱文公。祖籍徽州府婺源县（今江西婺源），出生于南剑州尤溪（今属福建尤溪）。宋朝著名的理学家、思想家、哲学家、教育家，他是儒学集大成者，世尊称为"朱子"。

1. 建立"社仓"，安抚饥民

1167年秋天，福建崇安发生大水灾，朝廷派他前往视察灾情，他曾遍访崇安山区。在视察中，朱熹发现"肉食者漠然无意于民，直难与图事"。他说："若此学不明，天下事决无可为之理。"由于灾情严重，粮食无收，地方官不认真救济，到次年青黄不接之时，崇安等地发生了饥民暴动。这时，朱熹与知县诸葛廷瑞共同发起，要求地方豪富用藏粟赈救饥民，他又请求朝廷以"六百斛赈济"，这才平息了暴动。由此，朱熹便想出建立"社仓"的办法，并建议朝廷广为推行，将社仓作为解决农民青黄不接时口粮问题的机构。他规定社仓的任务是，在青黄不接之时贷谷给农民，一般取息20%。这样农民就可以不向豪民高利贷粮。若发生小饥，利息可以减半；若发生大饥，则可免除利息。设立社仓的最大好处是可以防止农民暴动。为此，朱熹于1171年在其家乡首创"五夫社仓"作为试点，并上疏朝廷，建议按其办法在全国范围内推行。由于此法对官僚地主和放高利贷者不利，因而未能广为推行，只有极少地方，如福建建阳和浙江金华等地实行了这个措施。

2. 废寝忘食，了解民情

淳熙七年（1180年），朱熹上奏折提出"恤民、省赋"。他说："在国家大事中，没有什么比爱护百姓更为重要了；而爱护百姓就要落实削减赋税，削减赋税要落实到严格治军。"

淳熙八年（1181年），邻近京城的浙东七州四十余县天久不雨，水源枯竭，农田龟裂，大旱造成严重饥荒。宰相王淮推举朱熹到浙东视察灾情。朱熹当天就单车上路，到达浙东后巡行境内，一车一马，不带随从，所到之处人们都来不及知道，郡县的官吏们都敬畏这种作风。他以私访的办法了解民情，以致废寝忘食。

为解饥民倒悬之苦，朱熹"极力讲求荒政"，迅即采取了几项有力措施：一是"初拜命，即移书他郡，募米商、蠲其征，及其至，客舟米已辐辏"，通过采用这种减免税收的办法招引各地粮商来灾区做粮食生意；二是四处察灾情，访民隐，"视事各郡，对有不伏赈粜、不恤荒者，皆按劾之"。

在乡间，朱熹了解到"饥饿之民，羸困瘦瘠，宛转道路，呼号之声，不可忍闻，其不免于死者已不可胜计"的民生实情，因而对"德业日坠，纲纪日坏，邪佞充塞，贿赂公行，兵怨民愁，盗贼间作，灾异数见，饥馑荐臻，群小相挺"的时弊十分感慨，对敲剥百姓的贪官污吏十分痛恨。为此，朱熹在巡视各州县赈灾活动途中，每遇贪赃枉法或救灾不力的官吏和奸豪，便立即上疏弹劾。

在南宋官场，朱熹就像一颗划过天际的流星——仕途很短，但却留下很多佳话，他体民爱民的精神至今仍让后人津津乐道。

十八、张居正为民恻然心动

张居正（1525—1582），字叔大，号太岳。江陵（今湖北荆州）人，时人又称张江陵。明朝中后期政治家、改革家，万历时期的内阁首辅，辅佐万历皇帝朱翊钧开创了"万历新政"。

1550年，张居正因病请假离开京师来到故乡江陵。休假三年中，他游览了许多名胜古迹，并发现了一些问题。他在《荆州府题名记》（《张文忠公全集》卷九）中说："田赋不均，贫民失业，民苦于兼并。"这一切不禁使他恻然心动，责任感让他重返政坛。

1567年，张居正以裕王旧臣的身份，擢为吏部左侍郎兼东阁大学士，进入内阁，参与朝政。同年四月，又改任礼部尚书兼武英殿大学士，他终于在暗暗的较量中"直上尽头竿"了。之后，他进行了一系列改革，其中许多举措都是为黎民着想。

1. 清查土地

他认为，"豪民有田不赋，贫民曲输为累，民穷逃亡，故额顿减"，是"国匮民穷"的根源。1578年，下令在全国重新丈量土地，清查漏税的田产；1580年，统计全国查实的征粮土地达701.3976万顷，比弘治时期增加了近300万顷。朝廷的赋税大大增加，所以说："自正（正德）嘉（嘉靖）虚耗之后，至万历十年间，最称富庶。"

2.改革赋税，实行"一条鞭法"

张居正很清楚，仅靠清丈田亩还远远不能彻底改变赋役不均和
胥吏盘剥问题，不进一步改革赋税制度就无法保证中央财政收入的
稳定增长，将会有更多的贫民倾家荡产，不利于社会的安定。赋役
改革是一个十分棘手的事情，一旦过多触犯权宦土豪的利益，弄不
好就会引起强烈的反对，使自己的所有心血前功尽弃。在这个问题
上，张居正实行了"一条鞭法"。

"一条鞭法"的主要内容是：

①以州县为基础，将所有赋税包括正税、附加税、贡品以及中
央和地方需要的各种经费和全部徭役统一编派，"并为一条"，总
为一项收入。过去田赋有夏粮、秋粮之分，征收上又有种种名目，
非常烦琐，如今统一征收，使国家容易掌握，百姓明白易知，防止
官吏从中贪污。

②关于徭役征派，过去有里甲、均徭、杂泛之分。里甲按户计
征，不役者纳"门银"（户银）；均徭、杂泛按丁分派，应役方式
又有力差（以身应服）、银差（纳银代役）之分。如今取消里甲之
役，将应征的全部门银，同丁银合并一起。"丁银"的计算办法，
是将力差的"工"（劳动）和"食"（服役期间全部生活费用）折
算为银；如"银差"则按纳银数再加收少量"银耗"（碎银化铸银
锭时的损耗），然后全部役银以"丁"和"地"两大类因素统一考
虑编派征收，即所谓"量地计丁，丁粮毕输于官"。自此，户不再
是役的一种根据，丁的负担也部分转到"地"或"粮"中。

③赋、役之中，除国家必需的米麦丝绢仍交实物和丁银的一部分仍归人丁承担外，其余"皆计亩征银，折办于官"。

④官府用役，一律"官为金募"，雇人从役。过去由户丁承担的催税、解送田粮之差、伐薪、修路、搬运、厨役等一概免除。这一改革措施赋役折银征收，既是商品货币经济发展的结果，又必然促进商品经济的繁荣。

张居正为国事民事夜以继日地操劳，最终过劳而死。

十九、海瑞打击豪强

海瑞（1514—1587），字汝贤，别号刚峰，广东琼山（今海南海口）人。明朝著名清官。海瑞一生经历了正德、嘉靖、隆庆、万历四朝。

嘉靖二十八年（1549年），海瑞参加乡试中举，初任福建南平教谕，后升浙江淳安和江西兴国知县，推行清丈、平赋税，并屡平冤假错案，打击贪官污吏，深得民心。他打击豪强，疏浚河道，修筑水利工程，力主严惩贪官污吏，禁止徇私受贿，并推行一条鞭法，强令贪官污吏退田还民，遂有"海青天"之誉。民间流传着许多海青天的故事。

1. 海瑞背纤，刚正不阿

1562年，海瑞被任命为淳安知县。国公张志伯奉旨巡察各省，依仗权势，贪赃枉法，百姓怨恨。海瑞劝农归来，张志伯的亲信差官张彪来至县衙，强索赊银万两，海瑞拒绝，反将张彪棍责逐出。张志伯闻报大怒，至淳安向海瑞责问，海瑞据理向张算账，指斥其行为不端，张志伯大窘，临行索要纤夫四百名再作刁难。海瑞因农忙，不愿扰害百姓，就亲自率领衙役背纤，张志伯恐因此引起民愤，狼狈而去。

2.清丈土地，减免赋税

作为淳安知县，海瑞看到这里"富豪享三四百亩之产，而户无分厘之税，贫者户无一粒之收，虚出百十亩税差"的"不均之事"，决定重新清丈土地，规定赋税负担。这样，淳安农民的负担有所减轻，不少逃亡民户又回到故乡。淳安县的案件很多，海瑞明断疑难案件，深得民心。海瑞生活节俭，穿布袍、吃粗粮糙米，让老仆人种菜自给。浙江总督胡宗宪曾告诉别人说："昨天听说海县令为老母祝寿，才买了二斤肉啊。"胡宗宪的儿子路过淳安县，向驿吏发怒，把驿吏倒挂起来。海瑞说："过去胡总督考察巡视各部门，命令所路过的地方不要供应太铺张。现在这个人行装丰盛，一定不是胡公的儿子。"打开胡公子的袋子，有金子数千两，海瑞把金子没收到县库中，派人乘马报告胡宗宪，胡宗宪并没有把海瑞治罪。

1587年，海瑞病死于南京官邸。赠太子太保，谥忠介。海瑞死后，关于他的传说故事，在民间广为流传。

二十、林则徐虎门销烟

林则徐（1785—1850），福建侯官（今福建福州）人，字元抚，又字少穆、石麟，晚号竢村老人、竢村退叟、七十二峰退叟等。清代政治家、思想家和诗人。官至一品，曾任湖广总督、陕甘总督和云贵总督，两次受命钦差大臣；因其主张严禁鸦片，在中国有民族英雄之誉。

1. 兴办水利，赈灾济贫

林则徐不仅是我国历史上伟大的民族英雄，同时还是一位出色的治水专家，在其仕宦生涯中，十分重视并努力兴办水利事业，兴修浙江、上海的海塘，以及太湖流域各主要河流等水利工程，治理运河、黄河、长江。林则徐治水注重深入实际，事必躬亲，同时还重视赈灾济贫，这些都是其重民思想的反映。林则徐曾著《北直水利书》，除包括经济内容之外，亦有治水方略，后来林则徐的学生冯桂芬将《北直水利书》改编成《畿辅水利议》。

道光十一年（1831年）十一月，林则徐擢升东河河道总督。到任后，林则徐立即补修治水方面的知识，验催河工，保证质量，处分办事不力之官员，下令检验河堤料垛，他向道光帝呈上的奏折中表示："周历履勘，总于每垛夹档之中，逐一穿行，量其高宽丈尺，相其新旧虚实，有松即抽，有疑即拆，按垛以计束，按束以称斤，无一垛不量，亦无一厅不拆。"

林则徐做事如此认真，令贪官无可作假，桃汛来时，两岸安然无恙，道光帝多次称赞。林则徐治水方面的知识和经验日丰，"道光四子"之一的诗人张际亮向林则徐提议将黄河河道改道北流，从山东利津入海。林则徐也有同感，但民意和官员都反对此治河方略，加上林则徐不能独揽全局，张际亮之提议遭否决。直到林则徐逝世前不久，还表示张际亮的治河方略是对的。林则徐逝世后，咸丰五年（1855年），黄河改道，循大清河至利津入海。

2.除暴安良，除荒免灾

道光二十六年（1846年）七月，林则徐任陕西巡抚后，便上书皇帝，宣称陕西"东北毗连晋豫，西南壤接川甘，道路纷歧，奸宄易于出没。如佩执凶器之刀匪，此拿彼逃，最为民害"。并表示决心要把"除暴安良""严缉捕以靖地方"，作为接任陕西巡抚后的"首务"。当时刀客的活动主要在关中地区，尤以渭南、富平、大荔、蒲城一带最为盛行。他们"有窝巢以为藏身之固，有器械以为抵御之资"。所以"不独兵役避其凶锋"，即州县营员亦"惜费惮劳"，"望而却步"。林则徐上任后，对地方官吏兵勇的所谓"锢习"，首先是"剖析开导，务令极力破除"，增强他们缉匪的勇气和信心，然后以"马得讽纠众夺犯伤差案"，从渭南刀客下手。此案原发生在五六月间，七八月林正式接任后，便"亲提研鞫"，除判首犯马得讽以斩刑就地正法外，而将刀客赵恩科子、史双儿等人，"不分首从，发云贵两广极边烟瘴充军"。到了年底，由于林则徐积极督剿，在关中东部各县以及陕北的安塞等县，又相继缉获

146人，其中明确称为"刀匪"的有46人，均从严惩处。对林则徐积极镇压刀客的行动，道光帝朱批"所办甚好"，大加赞赏。

在镇压了刀客之后，林则徐采取一系列赈灾措施。一方面，把西安府等地的一百多万石存粮向贫民平粜，对于无力购粮的极贫户与老弱病残者，由官方收养，省城西安即收养极贫百姓三四千人；劝绅商富户出钱出粮救济其所在村寨的贫困户，并令地方官与各地富户收买、质押耕牛，以免影响耕种；另一方面，向清廷连上《被旱各属分别缓征折》《咸宁等十二州县应征粮石展限奏销折》，请求朝廷缓征钱粮。为从根本上免除灾荒，他谋划兴修关中水利，命陕西督粮道张集馨对《关中胜迹图志》一书加以研究，提出方案。这一计划终因费用太大，未能实现。林则徐通过上述多种办法，使陕西局势得到暂时的稳定。

3. 查禁鸦片，虎门销烟

道光十八年（1838年）九月，林则徐在两湖总督任内向道光皇帝上书言事，痛陈西方国家对我国大量倾销鸦片的危害，"若犹泄泄视之，是使数十年后，中原几无可以御敌之兵，且无以充饷之银"。道光读后深为所动，即于同年十二月底任命林则徐为钦差大臣，使粤查禁鸦片。

在广州禁止鸦片的过程中，林则徐意识到英国殖民者不肯放弃罪恶的鸦片贸易，而且蓄谋要用武力侵略中国。为抗击鸦片侵略，战胜敌人，他进行了大量的"师夷之长技以制夷"的军事变革实践。林则徐在广东一边禁烟，一边积极备战，修建炮台，拉拦江木排铁链，相信"民心可用"，招募5000多渔民编成水勇，屡败英军的挑衅。在1839年下半年，取得九龙之役、川鼻官涌之役等反击战的胜利。

道光十九年（1839年）三月，林则徐到达广州查禁鸦片，惩治鸦片走私，责令外国鸦片商人交出私藏的鸦片。英国等商人共交出约237万斤鸦片，从6月3日起，林则徐主持在广东虎门海滩当众销毁。向世界宣告了中华民族决不屈服于侵略的决心。

林则徐从政40年，历官13省，是著名的近代政治家，改革派的代表人物。虽然作为封建官吏，存在"忠君"思想，镇压过少数民族起义，但在中华民族面临沦入半殖民地的紧要关头，他"置祸福荣辱于度外"，为民挺身，不愧是中国近代第一位民族英雄。

后 记

　　加强中华优秀传统文化教育，是构建中华优秀传统文化传承体系，推动文化传承创新的重要途径。当今世界，文化在综合国力竞争中的地位和作用更加凸显，越来越成为民族凝聚力和创造力的重要源泉，博大精深的中华优秀传统文化是我们在世界文化的激荡中站稳脚跟的根基。党的十八大以来，习近平总书记在一系列讲话中深刻阐述了中华优秀传统文化在中华民族发展中的重大历史作用、深刻内涵和深远影响。加强中华优秀传统文化教育，是一项长期而艰巨的重大历史任务，在广大青少年中加强中华优秀传统文化教育，更加具有长远的战略意义和重要的时代意义。青少年学生是祖国的未来、民族的希望，加强对青少年学生的中华优秀传统文化教育，对于培养中华优秀传统文化的继承者和弘扬者，推动文化传承创新，建设社会主义先进文化，推进社会主义核心价值观建设具有凝魂聚气、强基固本的重要作用。

中华优秀传统文化是中华民族语言习惯、文化传统、思想观念、情感认同的集中体现，凝聚着中华民族普遍认同和广泛接受的道德规范、思想品格和价值取向，具有极为丰富的思想内涵，凝聚着中华民族自强不息的精神追求和历久弥新的精神财富，是发展社会主义先进文化的深厚基础，建设中华民族共有精神家园的重要支撑，凝聚了千百年来中华民族的生活经验、生存智慧，融入了中华民族的血脉，包含着中华民族最强大的精神基因。习近平总书记指出："要认真汲取中华优秀传统文化的思想精华和道德精髓，大力弘扬以爱国主义为核心的民族精神和以改革创新为核心的时代精神，深入挖掘和阐发中华优秀传统文化讲仁爱、重民本、守诚信、崇正义、尚和合、求大同的时代价值，使中华优秀传统文化成为涵养社会主义核心价值观的重要源泉。"加强对青少年学生的中华优秀传统文化教育，要以弘扬爱国主义精神为核心，以家国情怀教育、社会关爱教育和人格修养教育为重点，着力完善青少年学生的道德品质，培育理想人格，提升政治素养。

《中华优秀传统文化教育读本》是我主持的中宣部文化名家暨"四个一批"人才自主选题资助项目"中华优秀传统文化教育研究"课题的研究成果，本课题于2014年批准立项，我任课题主持人，课题组先后在北京、山东曲阜孔子诞生地尼山、浙江杭州、陕西延安召开中华优秀传统文化学术交流会，邀请知名专家、教授深入开展中华优秀传统文化教育研究，为中华优秀传统文化教育提供理论和学术研究支撑，组织编写中华优秀传统文化教育读本。开展中华优秀传统文化教育研究的主要内容，重点围绕习近平总书记提出的"讲仁爱、重民本、守诚信、崇正义、尚和合、求大同"展开阐述研究。《中华优秀传统文化教育读本》内容包括仁爱、民本、诚信、正义、和合、大同六大方面，由我任总主编，各分册编写者分别为：《仁爱：中华文化的核心力量》由韩星教授主编；《民本：中华文化的价值追求》由高伟教授主编；《诚信：中华文化的做人准则》由党怀兴教授主编，刘影、贾红、谢佳伟、任健行参加编写；《正义：中华文化的道德原则》由雷原教授主编，赵易参加编写；《和合：中华文化的独特品质》由王永智教授主编；《大同：中华文化的社会理想》由于建福教授主编，于超参加编写。

《中华优秀传统文化教育读本》分为三部分编写。第一部分：理论概述。从理论和学术角度，深入开展中华优秀传统文化教育研究，为中华优秀传统文化教育提供理论基础和学理支撑。第二部分：经典选编。从历代中华优秀传统文化典籍中精选名篇，按照经典简介、作者简介、选文、注释、翻译、解读等方面内容编写。第三部分：经典故事。从历代中华优秀传统文化典籍中精选经典故事，用讲故事的方式，普及中华优秀传统文化。因此，本系列读本既是中华优秀传统文化教育的理论学术研究成果，也是中华优秀传统文化教育的普及读本，为全国大中小学学生、教师和党政机关、企事业单位干部学习中华优秀传统文化提供的重要学习读物，也是在全国中小学教师中开展中华优秀传统文化教育培训，提高各级各类学校教师开展中华优秀传统文化教育能力的培训教材。

本课题在立项研究过程中得到中宣部文化名家暨"四个一批"人才自主选题资助项目的指导和帮助。在课题研究和系列读本的编写过程中，中宣部、教育部有关部门给予了大力支持和指导；北京大学、清华大学、中国人民大学、北京师范大学、陕西师范大学、西北大学、江苏师范大学、中国社会科学院、国家教育行政学院、北京汤用彤书院等院校的专家、教授参与研究和编写读本，在此一并致谢！这里，我还要特别感谢著名文化教育大家张岂之先生、楼宇烈先生，在著事繁忙中拨冗欣然为本系列读本作序推荐。这里，我还要特别感谢中国大百科全书出版社对本系列读本出版的大力支持和帮助，感谢刘国辉社长的高度重视，感谢编辑们的悉心编辑和付出的心血！由于水平有限，本系列读本在编写过程中还有不足，恳请各位专家和读者不吝指教！

翟　博

2020年1月